Sarko en Afrique

Antoine Glaser
Stephen Smith

Sarko en Afrique

PLON
www.plon.fr

Illustration de couverture : © Damien Glez

ISBN : 978-2-259-20896-3

Avant-propos

Ce livre n'est ni de circonstance ni une attaque *ad hominem*. Le fait que Nicolas Sarkozy vampirise la une de la presse écrite et les lucarnes cathodiques de l'Hexagone était plutôt de nature à nous dissuader. Mais après avoir débusqué *Ces Messieurs Afrique*, du temps où ceux-ci étaient vraiment encore des hommes de l'ombre, et après avoir raconté, en 2005, *Comment la France a perdu l'Afrique*, la tentation était grande de vérifier le discours de la « rupture ». C'est ce que nous avons donc fait, à Paris et en Afrique subsaharienne. Sur les bords de Seine, nous avons revisité le « village » franco-africain, case par case, de l'Elysée aux immeubles de banlieue en passant par les ambassades africaines, le Quai d'Orsay, la rue Saint-Dominique, Bercy et des sièges de grandes entreprises françaises ; en Afrique, nous avons enquêté dans une demi-douzaine de pays, en Côte-d'Ivoire, au Tchad, en Centrafrique, au Gabon, en Angola et en Afrique du Sud. Que tous ceux qui, sur place ou dans la capitale française, ont bien voulu nous rencontrer et partager avec nous leur analyse soient ici vivement remerciés. Nous nous sommes efforcés de refléter fidèlement leurs points de vue, en les citant nommément quand ils nous y ont autorisés, en respectant le *off the record* dans le cas contraire. A de rares exceptions près, qui sont signalées, tous les propos rapportés proviennent d'entretiens avec les auteurs qui ont eu lieu entre mai et août 2008. Nous ne les avons pas systématiquement datés, pour alléger la lecture. Dans le même souci, nous avons renoncé à des notes de bas de page en intégrant toutes les références et sources dans le corps du texte. Bien entendu, nos interlocuteurs ne sont en rien responsables de nos conclusions.

Disons-le d'entrée de jeu : il est impossible de tracer une ligne droite dans l'espace courbe des relations franco-africaines. Notre point de départ était pourtant simple. Un an après l'arrivée de Nicolas Sarkozy à l'Elysée, nous avons voulu savoir ce qui l'emportait, la rupture ou la continuité. Nous nous sommes également intéressés à l'avenir des liens entre la France et ses anciennes colonies tel qu'il se dessine dans le clair-obscur du « déjà plus » et du « pas encore ». Notre réponse, à l'arrivée et en peu de mots : globalement, l'éloignement entre la France et l'Afrique s'accélère, une rente de situation historique étant désormais soldée pour tout compte par un président qui, n'étant pas sorti lui-même du moule de la Ve République, n'est aucunement attaché aux vestiges de « l'Etat franco-africain » (Jean-Pierre Dozon) issu de la décolonisation « à la française » des années 1960. Mais en même temps, par rapport au second mandat de Jacques Chirac, il y a non pas continuité mais franchement régression, les « réseaux Foccart » étant de retour à l'Elysée sous la forme d'un *one man network* : Me Robert Bourgi, bien plus l'ancien messager que le légataire du défunt « Monsieur Afrique » du général de Gaulle, Jacques Foccart, fait la pluie et le beau temps à la présidence française pour tout ce qui concerne les « affaires réservées » entre l'Elysée et les chefs d'Etat africains – pas exclusivement francophones d'ailleurs. Un secrétaire d'Etat à la Coopération, Jean-Marie Bockel, en a fait les frais. Ayant claironné sa volonté de « signer l'acte de décès de la *Françafrique* », il a été limogé (ou, plutôt, muté aux Anciens Combattants puisqu'il a accepté de troquer ses convictions contre un autre maroquin). Son successeur, Alain Joyandet, s'est fait adouber, à Libreville, par le président gabonais Omar Bongo, grand suzerain des « affaires réservées » franco-africaines. La vidéo – disponible sur Internet – montrant le sous-ministre français faisant tapisserie au Palais de la Rénovation, en attendant d'être appelé auprès du chef de l'Etat gabonais et du secrétaire général de l'Elysée, Claude Guéant, mériterait de figurer au programme des cours d'instruction civique en France. Il serait en effet difficile de déniaiser plus efficacement les Nicodèmes de la « République Sarko ».

Est-ce donc le retour de la *Françafrique* ? Le terme, forgé par le premier président de la Côte-d'Ivoire (1960-1993), feu Félix Houphouët-Boigny, pour magnifier l'imbrication de l'ex-métropole et de ses anciennes colonies, a perdu son sens : la Coopération franco-africaine n'est plus que peau de chagrin ; la convertibilité manuelle du franc CFA appartient au passé ; Paris intervient en Afrique seulement pour y entraîner l'ONU ou l'Europe ; et la France fait des affaires bien plus juteuses au Nigeria, en Angola et en Afrique du Sud qu'au Sénégal, en Côte-d'Ivoire et au Gabon. Quant à la libre circulation des anciens « sujets » de l'empire… Alors, peut-on réduire tout ce qui fut naguère à un calembour sur ce qui en resterait aujourd'hui, la « France-à-fric », une valse de « valises » corrompant la vie politique ? Ce n'est pas notre avis. En fait, l'amalgame entre la France-Afrique et la *Françafrique* empêche de comprendre, à la fois, le passé et le présent. Car, de deux choses l'une : soit la France-Afrique, c'est-à-dire l'alliance postcoloniale, ne fut qu'une entente mafieuse entre de Gaulle et ses successeurs, d'un côté, et, de l'autre, les « satrapes » au pouvoir dans les anciennes possessions françaises ; soit la *Françafrique* – le terme polémique « né après la honte », comme on dirait à Abidjan – a un bagage historique plus lourd que les Samsonite bourrées de billets qui remontent vers l'Hexagone. C'est l'un ou l'autre. Les deux à la fois, ce n'est pas possible.

Et Nicolas Sarkozy dans tout ça ? Il est arrivé dans la relation franco-africaine comme un chien dans un jeu de quilles – capable de tout renverser. Soyons honnêtes : qui, mieux que lui, paraissait à même de tirer de sa mélancolie postcoloniale une France chloroformée par ses regrets éternels pour une « mission civilisatrice » passée de mode et nouvellement étourdie par les fragrances douces-amères de sa coulpe pénitente ? Fils d'un immigré hongrois qui s'engagea dans la Légion étrangère après avoir fui l'Armée rouge d'occupation, élevé par sa mère délaissée, Nicolas Sarkozy s'est « fait » lui-même en renaissant de ses échecs – le ratage de Science-Po par des notes éliminatoires en anglais, sa traversée du désert après le clash fratricide entre balladuriens et chiraquiens – et en atteignant des cimes – maire de Neuilly à vingt-huit ans, conquérant parricide du fief de Charles Pasqua, son mentor politique, ministre du Budget à trente-huit ans, héritier de Chirac contre la volonté du « chef » gaulliste – plus vite que tous les autres. Par rapport à l'Afrique, il semblait une feuille blanche, sans dettes ni créances. En même temps, « pionnier » d'une nouvelle façon de faire de la politique en France, ne pouvait-il pas se découvrir des affinités profondes avec le continent le plus jeune, le plus crûment vital ? En tout cas, « quelque chose d'important » allait se produire. Cela, au moins, semblait sûr.

Or, une bonne année plus tard, le *big bang* attendu dans la relation franco-africaine n'a été qu'une succession de coups de timbales dissonants, une cacophonie d'orphéon. Les discours ont annoncé tout et son contraire sur tous les tons, du lyrisme « nègre » à Dakar au dépôt de bilan du « gendarme de l'Afrique », au Cap. Les actes ont été manqués, de la force européenne ensablée aux portes du Darfour aux remises de dettes offertes aux émirs pétroliers de l'Afrique centrale, Omar Bongo et Denis Sassou-Nguesso, grands investisseurs dans l'immobilier parisien et assignés en justice, à Paris, pour des « biens mal acquis ». Quant au partenariat « stratégique » avec l'Afrique du Sud, ce n'est qu'une baudruche, tout comme le « codéveloppement » censé accompagner le retour

« chez eux » des immigrés expulsés de France. Cependant, pis que tout est la confusion qui se perpétue entre la France et l'Afrique, qui ne savent toujours pas où elles (co-)habitent. Tous les pays africains sont-ils désormais placés sur un pied de parfaite égalité dans leur relation avec Paris ? Ou les anciennes colonies françaises sont-elles toujours logées à l'enseigne « particulière » qui semblait pourtant avoir été décrochée au milieu des années 1990, après la fin de la guerre froide, après le génocide au Rwanda et la chute du mur monétaire qu'avait été la dévaluation du franc CFA ? Enfin, autre hypothèse, est-ce désormais l'argent « noir » qui régente tout, sans frontières et sans égard pour le passé colonial ?

Nul ne sait plus « qui est qui ? », comme on dirait encore sur la lagune Ebrié. Nous avons donc repris, depuis le début, la « nouvelle » politique africaine de Nicolas Sarkozy. Nous nous sommes intéressés aux hommes qui l'incarnent sur le devant de la scène, à commencer par le premier d'entre eux, le président, et ses collaborateurs les plus proches, Claude Guéant et la « plume » du chef de l'Etat, Henri Guaino, ou les conseillers de la « cellule africaine » de l'Elysée, dirigée par Bruno Joubert. Mais nous avons également rencontré les « officieux », en particulier Me Bourgi, et les mandataires africains de ce *missus dominicus* franco-africain, dont Omar Bongo ou l'Ivoirien Laurent Gbagbo. Nous avons accompagné Nicolas Sarkozy dans ses déplacements en Afrique, ou sommes partis en reportage, par exemple dans l'est du Tchad, au sein de l'EUFOR. Sur le terrain ou dans leurs bureaux à Paris, nous nous sommes entretenus avec ceux qui nourrissent de leurs réflexions, mettent en application ou subissent la politique française en Afrique définie par le président de la République.

Au bout du voyage, que racontent les pages qui suivent, nous n'avons pas été déçus : certes, notre recherche d'un grand dessein, pensé de bout en bout, est restée vaine. Mais quels dessins animés ! Voici *Sarko en Afrique.*

Prologue

Dans l'ombre de Foccart

Le jeudi 27 septembre 2007, vers 18 h 30. L'Elysée est quasiment désert. Carton à la main, une petite soixantaine d'invités, pour moitié des personnalités africaines, abandonnent aux huissiers leurs manteaux dans le vestibule d'honneur. Après avoir patienté quelques instants dans le salon des aides de camp, ils sont conviés à se rendre dans le salon de réception Napoléon III. Lambris dorés, pendeloques de cristal, tapisseries lourdes et tentures rouges… Tout le monde scrute tout le monde à la dérobée, en cachant sa surprise : « Ah, donc, lui aussi le connaît. » Même ceux qui étaient dans la confidence ont été étonnés de recevoir une invitation de Nicolas Sarkozy, du président de la République en personne, pour la cérémonie de remise des insignes de chevalier dans l'Ordre national de la Légion d'honneur à Me Robert Bourgi. De la part du chef de l'Etat, cette marque de reconnaissance personnelle intrigue. « C'est curieux, on disait qu'il ne s'intéressait pas à l'Afrique. Et Bourgi, quand même ! »

L'honoré du jour, à la triple nationalité libanaise, sénégalaise et française, est un fondé de pouvoir bien plus qu'un avocat. D'ailleurs, âgé de soixante-trois ans, il a seulement prêté serment en mai 1993. Fils d'un grand commerçant libanais installé de longue date à Dakar, il a grandi au Sénégal à l'ombre protectrice d'une double paternité : celle de son géniteur et celle de Jacques Foccart, le père des « réseaux » franco-africains. Pour l'homme lige du général de Gaulle, inamovible secrétaire général de l'Elysée chargé – ô sainte trinité ! – de l'Afrique, des services de renseignements et de la carte électorale française, la famille Bourgi était l'une de ses « antennes » au sud du Sahara. Ce fut l'époque où la France, tout juste « partie pour mieux rester », entendait encore les grillons striduler dans ses anciennes possessions d'Afrique noire auxquelles elle venait d'« octroyer » l'indépendance. Et « la Foc » allait incarner la France dans la durée mieux que les présidents qu'il vit se succéder à l'Elysée : resté avec de Gaulle jusqu'à la fin, maintenu sous Pompidou et rappelé par le Premier ministre Chirac, en 1986, puis présent « dans le décor » jusqu'à sa mort en 1997 sous le premier mandat présidentiel du même Chirac, Jacques Foccart devait suivre « Robert » pendant près de quarante ans – et vice versa. Après des études de droit, le professeur Bourgi enseigne à l'université d'Abidjan où il se lie à un collègue de la faculté d'histoire, Laurent Gbagbo, l'opposant socialiste au président Houphouët-Boigny. Puis, il « monte » à Paris, monte aussi en grade au sein du mouvement gaulliste, entre au service de Jacques Chirac, au sein du RPR et à la mairie de Paris. Comme il le fera sa vie durant, il tisse la toile entre la France et l'Afrique. Pour cela, il fait la navette entre les lieux de pouvoir de la République, les palais présidentiels sur le continent et le « vieux » Foccart. Celui-ci, à l'instar des « filles de la Nécessité et du Destin », les Parques de la mythologie grecque, continue de tirer, de nouer ou de trancher les fils du complexe tissu franco-africain depuis son appartement parisien, rue de Prony, dans le 17e arrondissement, puis, de plus en plus, depuis la Villa Charlotte, sa retraite à Luzarches, dans le Val-d'Oise. Valétudinaire, de moins en moins capable de se déplacer, Foccart y reçoit plusieurs fois par semaine « Robert », son porteur de messages, qui n'oublie jamais des fleurs pour Odette, sa dernière collaboratrice fidèle, ni les petits chocolats pour le perroquet qui anime la salle à manger. Ici, dans la « case à fétiches » de Foccart, plusieurs générations de dirigeants africains, souvent accompagnés de leur famille, sont venus à confesse. Les lieux s'y prêtent : un escalier en colimaçon vrille ce manoir en pierre meulière tout en hauteur pour mener aux combles où se trouve le bureau, encombré de souvenirs d'Afrique, du maître des lieux. Dans le couloir, une tapisserie du Père Charles de Foucauld, aux yeux fiévreux et à l'aube blanche marquée de l'emblème du religieux, un cœur surmonté de la Croix, est venu à bout des plus récalcitrants.

Crissements de talons, toussotements et chuchotis : à l'Elysée, l'assistance s'impatiente. Le beau monde réuni pour l'occasion n'a pas l'habitude d'attendre. Trois chefs d'Etat – du Gabon, du Congo et du Sénégal – ont envoyé la chair de leur chair pour les représenter : Pascaline Bongo, directrice de cabinet de son père-président, au pouvoir depuis 1967 ; Claudia

Sassou-Nguesso, la fille à qui « Denis » a confié sa communication, et Karim Wade, conseiller spécial et héritier présomptif de l'ex-héraut du *sopi*, le « changement » en wolof. D'autres présidents africains ont dépêché leur homme de confiance, à l'instar du président angolais José Eduardo dos Santos, représenté par Manuel Vincente, le patron de la compagnie pétrolière nationale, Sonangol, sinon leur ambassadeur à Paris. Côté français, trois anciens ministres de la Coopération sont présents : Michel Aurillac, dont Robert Bourgi a été le conseiller pendant quelques mois, son seul et éphémère poste officiel ; Bernard Debré, professeur d'urologie, et Michel Roussin, vice-président de groupe Bolloré et ancien directeur de cabinet d'Alexandre de Marenches au SDECE, l'actuelle DGSE. Une poignée d'hommes d'affaires libanais parlent à voix basse. Parmi eux, Naji Abi Assi, l'influent ambassadeur du Liban auprès du Vatican, a été invité pour être discrètement présenté au président français. Le richissime magnat italien Gian Angelo Perrucci, patron de chantiers pétroliers en Afrique, se tient un peu à l'écart. Fait peu connu, Robert Bourgi est l'avocat-conseil de cet homme aussi secret que puissant.

Tous les invités, qui n'ont en commun que leur lien – plus ou moins assumé – avec « l'homme de Foccart », ont entendu un jour ou l'autre la devise que Robert Bourgi affirme tenir de son « maître » et qu'il aime à répéter, les yeux plissés, ses mains charnues jointes comme pour la prière : « Secret de trois, secret de tous ; secret de deux, secret de toujours. » Aussi, les témoins du jour ne se sont-ils jamais croisés dans le cabinet de l'avocat, avenue Pierre-Ier-de-Serbie, dans le 16e arrondissement de Paris. Un cabinet que Robert Bourgi partage avec son épouse, Catherine, également avocate. Elle gère les dossiers confiés par les chefs d'Etat à « Robert ». Et le secrétariat est tenu par une parente. Secrets de trois, certes, mais secrets bien gardés, en famille. Ici, seuls les murs du bureau, tapissés de photographies, de portraits dédicacés ou d'instantanés en bonne compagnie, « parlent » – et encore, seulement aux initiés. Au milieu des protestations d'amitiés « sincères » et de sentiments « affectueux », le paraphe de feu le maréchal Mobutu retient ainsi l'attention : « A Robert, mon complice. » L'ancien maître du Zaïre, en un battement de paupières alourdies de collusion, a dû savourer sa formule. Rongé par le cancer, tenant à peine debout dans sa fastueuse villa à Roquebrune Cap Martin, sur la Côte d'Azur, il avait reçu « l'ombre de Foccart » jusqu'à la fin, quand George Bush père, le parrain de l'un de ses enfants qui lui avait remis la médaille du *Héros du monde libre* dans le bureau ovale de la Maison Blanche, ne voulait même plus le prendre au téléphone. « On n'y peut rien, Robert, soufflait-il alors à l'oreille de son visiteur. C'est la terre des hommes. Elle est ingrate. » Sous-entendu : « Toi qui as aussi bien profité de moi quand j'étais au faîte du pouvoir, reviens me voir »…

A 19 heures tapantes, Nicolas Sarkozy entre dans le salon à grandes enjambées, suivi du seul secrétaire général de l'Elysée, Claude Guéant. Il salue chaleureusement « Robert », massif, en costume en flanelle gris à fines rayures blanches, cravate bleue rayée de noir.

D'ordinaire facilement blagueur, Me Bourgi attendait ce moment légèrement voûté, les bras en croix sur le ventre, presque soucieux, en tout cas recueilli, à côté d'un petit pupitre. Il s'imprégnait du moment. Derrière lui, les membres de sa famille semblaient également tétanisés, graves et incrédules, tout à la fois heureux et inquiets à l'idée de ce qui allait se passer. « Mon cher Robert », les premiers mots du président de la République dénouent, d'emblée, la tension qui s'était accumulée. Plus tard, le nouveau chevalier de la Légion d'honneur enverra à tous les notables du « village » franco-africain le texte de l'allocution prononcée au cours d'une cérémonie dont on chercherait vainement une trace officielle, photographie ou texte, sur le site de l'Elysée. Me Bourgi a de bonnes raisons d'être satisfait des lauriers que lui tresse le chef de l'Etat. La trame du discours a été écrite par Claude Guéant, à partir des éléments fournis par… le récipiendaire lui-même. Puis, le tout a été lissé par la plume de Boris Ravignon, un jeune énarque, conseiller technique de la présidence. Les responsables de la cellule diplomatique de l'Elysée, Jean-David Lévitte et son adjoint chargé de l'Afrique, Bruno Joubert, n'ont pas été consultés – « mis dans la boucle », dans le jargon de l'Elysée. Il est vrai que les diplomates et africanistes attitrés de la présidence avaient naguère préparé un autre discours, celui que le candidat Sarkozy a prononcé, le 19 mai 2006, à Cotonou. « Il faut débarrasser la relation franco-africaine des réseaux d'un autre temps, des émissaires officieux qui n'ont d'autre mandat que celui qu'ils s'inventent, fulminait alors l'ancien ministre de l'Intérieur. Il faut définitivement tourner la page des complaisances, des secrets et des ambiguïtés. Il nous faut aussi ne pas nous contenter de la seule personnalisation de nos relations. Les relations entre des Etats modernes ne doivent pas seulement dépendre de la qualité des relations entre les chefs d'Etat, mais d'un dialogue franc et objectif, d'une confrontation des intérêts respectifs, du respect des engagements pris. » Or, qui plus que Robert Bourgi est l'icône d'une diplomatie parallèle qu'on avait promis de jeter aux orties ? Au cas où les conseillers Afrique officiels, installés à un jet de pierre, au 2, rue de l'Elysée, vivraient toujours à l'heure de Cotonou, mieux valait-il donc ne pas les consulter ou, pis, les faire assister à la cérémonie. Car, depuis le Bénin, l'aiguille avait tourné…

Ayant salué – dans l'ordre alphabétique, pour ne fâcher personne – les représentants personnels et ambassadeurs de l'Angola, du Congo-Brazzaville, de Côte-d'Ivoire, du Gabon, de la Guinée Equatoriale, du Liban et du Sénégal, Nicolas Sarkozy défend et illustre d'abord l'héritage gaulliste : « Nous sommes ici entre amis et cette amitié commande une très grande franchise entre nous. Qui d'autre que la France a jamais rêvé avec autant de sincérité et d'enthousiasme à une communauté de destins avec l'Afrique ? Qui d'autre que la France a soutenu et relayé la parole des Nations africaines en Europe et dans les grandes enceintes internationales ? Qui d'autre que la France a payé un tribut aussi lourd au fil des opérations de maintien de la paix sur le continent ? Qui d'autre que la France a accepté de lier sa monnaie à celles des autres Nations d'Afrique ? Qui d'autre que la France a développé et entretenu une politique d'une ampleur et d'une intensité identiques à ce que fut la coopération entre les années 1960 et les années 1980 ? Quel autre pays que la France peut se vanter d'avoir prêté une part aussi grande de sa jeunesse et de son expérience à l'Afrique, grâce à la Coopération ? En Afrique, la France a eu de très grands torts mais elle n'a pas eu tous les torts. Et surtout, chers amis, elle n'a pas eu que des torts. » Ce plaidoyer *pro domo* est suivi d'un coup de griffe destiné aux nouveaux amis du continent. « L'Afrique n'a nul besoin de notre pitié, ni de la charité des Occidentaux. Et elle n'a pas besoin non plus de se vendre à des puissances extérieures qui, pour être nouvelles et lointaines, n'en sont pas moins mues par des intérêts parfaitement égoïstes. »

Baissant le ton, plus intime, le président évoque ensuite « la passion réciproque et tourmentée entre la France et l'Afrique, je l'ai ressentie à chacun de mes voyages, comme je sais, Robert, que tu la ressens avec force, toi aussi ». Puis, sibyllin, il ajoute : « Et, cher Robert, tu sais que la passion tourmente » – on n'en saura pas plus sur cette allusion personnelle. Le chef de l'Etat rappelle que l'homme qu'il va décorer est issu d'une « famille exemplaire » : « Jacques Foccart, alors au service du général de Gaulle, a pu compter sur le patriote et l'ami que fut ton propre père, Mahmoud Bourgi. » Nicolas Sarkozy vante le fils et dit compter sur sa « participation à la politique étrangère de la France avec efficacité et discrétion ». Pour le culte du secret, poursuit-il, « tu as eu le meilleur des professeurs », Foccart. « Et tu n'es pas homme à oublier les conseils qu'il te donnait jadis : "Reste à l'ombre, pour ne pas attraper de coup de soleil". » Sous les lustres de l'Elysée, le conseil semble incongru, une contradiction dans les termes. D'ailleurs, le récipiendaire prendra, lui aussi, de plus en plus de libertés avec la consigne présidentielle sitôt énoncée, sitôt rompue : tel le phalène attiré par la lampe-tempête, il s'approchera des médias au point de participer, le 18 avril 2008, comme « l'homme de l'ombre » expliquant la politique africaine de « Nicolas » (Sarkozy) et de « Claude » (Guéant), à l'émission de télévision « Preuves à l'appui », sur LCI, face à Christophe Moulin et Hervé Gattegno.

Dès le premier paragraphe de son discours, Nicolas Sarkozy s'est écarté du texte qu'il a sous les yeux. Ainsi a-t-il par exemple salué, au passage, non pas « amicalement » mais « affectueusement » Omar Bongo, « le doyen des chefs d'Etat africains ». Toujours en improvisant, il s'en est pris à la « technostructure qui croit savoir tant de choses et en ignore tellement ». En revanche, Robert Bourgi « connaît et aime l'Afrique, aime la France et aime l'Etat ». Dans un registre plus personnel, le président français révèle qu'entre « *Robert* » et lui, « c'est une amitié de vingt-quatre ans », forgée en 1983 au sein du RPR. Un petit frémissement, à peine perceptible, traduit la surprise d'une partie de l'assistance. « Gaullistes, nous l'étions tous les deux passionnément », poursuit déjà le chef de l'Etat. « Toi, tu étais un grand connaisseur de l'âme africaine et tu portais déjà cette affection pour l'Afrique qui t'anime toujours. Moi, je n'étais alors que le très jeune responsable des jeunes RPR. » En vertu de ces anciens et brillants états de services, et au nom de leur amitié, Nicolas Sarkozy presse le chevalier d'arborer ses insignes sans fausse pudeur. « Cette distinction, fais-moi un grand plaisir, porte-la pour moi. Porte-la pour la France. Porte-la, car tu peux en être fier. » C'est la fin, la clausule du discours. Cependant, relevant la tête, plongeant ses yeux dans ceux de Robert Bourgi, Nicolas Sarkozy achève son propos par ces mots : « Moi, je n'ai pas l'habitude de me cacher d'avoir de l'amitié pour ceux que j'aime. » Un ange passe… Seuls quelques initiés auront reconnu la haute figure, abîmée en bas de la roche Tarpéienne, de Dominique de Villepin.

Encore moins nombreux sont ceux dans le salon Napoléon III qui savent que Robert Bourgi vient de prendre une revanche éclatante sur Jacques Chirac lui-même. En effet, comme Nicolas Sarkozy l'a mentionné dans le prononcé de son discours (sans s'attarder sur le rôle de Claude Guéant qui est mis en exergue dans la version écrite), c'est Renaud Dutreil qui a proposé l'avocat pour la Légion d'honneur. Et non pas une fois, mais deux ! Car, à la fin 2006, le ministre des PME au sein du gouvernement Villepin voulait déjà faire à « Robert » ce cadeau de Noël. C'était sans compter avec Michel de Bonnecorse, alors conseiller Afrique du président Chirac. Aujourd'hui à la retraite, s'estimant libre de sa parole, l'ancien chef de la « cellule africaine » de l'Elysée raconte comment Christophe Farnaud, à ce moment conseiller diplomatique de Dominique de Villepin à Matignon, lui avait « signalé » le nom de Robert Bourgi sur la liste du ministre des PME. Ce qui, autrement, aurait échappé à l'Elysée qui ne « vise » que la liste des promus des Affaires étrangères et de la Défense. « Mon sang n'a fait qu'un tour », se souvient Michel de Bonnecorse, qui dit avoir aussitôt appelé un conseiller de Dutreil : « Qu'est-ce que c'est que cette connerie ?! Le ministre risque sa place. Le Président sera furieux. » Penaud, Renaud Dutreil avait dû faire marche arrière et demander à la chancellerie de la Légion d'honneur de « suspendre » la distinction de Me Bourgi. Pour faire avaler la pilule à ce dernier, suffisamment sanguin pour pouvoir s'emporter, le responsable des PME avait organisé un « super-apéritif », en fin de journée, dans son ministère, rue de Lille. Mais rien n'y avait fait. A tel point que Renaud Dutreil n'avait jamais osé dire à « Robert » qui l'avait bloqué pour la Légion d'honneur. Robert Bourgi était à l'époque vent debout contre Bruno Lemaire, le directeur de cabinet de Dominique de Villepin à Matignon. Il restait persuadé que c'était Lemaire qui l'avait « barré ». Erreur.

Mais ce ne fut que partie remise. Quelques semaines plus tard, au moment où les conseillers de l'Elysée faisaient leurs valises et roulaient leurs cartes, Dutreil avait remis le couvert pour la promotion de Pâques 2007. Mais, cette fois, à vingt-quatre heures de la clôture des listes à la chancellerie pour feinter tout refus potentiel. Ainsi, la nomination était-elle passée dans la promotion du 6 avril 2007 au titre du ministère des PME, du Commerce, de l'Artisanat et des Professions libérales. Pourquoi tant de persévérance de la part de Renaud Dutreil dont Me Bourgi n'est même pas un proche ? La réponse se trouve à quelque

5 000 kilomètres de Paris, au Palais de la Rénovation, sur le front de mer à Libreville : Omar Bongo était intervenu en faveur de Renaud Dutreil, une première fois quand Jean-Pierre Raffarin avait voulu le virer (et lui fit quand même le cadeau empoisonné de la Fonction publique où il devait se coltiner les fonctionnaires en grève), puis, derechef en juin 2005, cette fois pour qu'il retrouve les PME au sein du gouvernement Villepin. Maître des requêtes au conseil d'Etat, normalien, énarque et diplômé de Sciences-Po, Dutreil faisait en effet partie des « petits » de l'UMP – tout comme Jean-François Copé ou, en son temps, un certain… Nicolas Sarkozy – que Bongo recevait toujours lorsqu'il était de passage à Paris dans sa suite de l'hôtel Meurice. Au sein de la classe politique française, les « petits » sont nombreux et appartiennent à tous les partis.

Parfois, le coup de pouce de Bongo peut faire la différence. Mais pas toujours : pour son dernier voyage ministériel, en mars 2007, Renaud Dutreil, également vice-président du Groupe d'amitié France-Gabon à l'Assemblée nationale, s'était ainsi rendu à Libreville, officiellement pour la promotion du tourisme. Mais il en avait aussi profité pour solliciter une nouvelle fois son bienfaiteur, en l'occurrence pour entrer dans le premier gouvernement Sarkozy, si celui-ci devait être élu. En vain. Bon perdant, Renaud Dutreil a quand même assisté, le 27 septembre 2007, à la remise par le nouveau président de la République des insignes de la Légion d'honneur à Me Bourgi, l'avocat-conseil du président Bongo. Il avait raison. Car, dans le « village » franco-africain (et à moins d'en sortir, ce que Renaud Dutreil a fini par faire, l'été 2008, en prenant la tête de la filiale new-yorkaise de LMVH), on ne sait jamais comment les choses vont tourner, ni où et avec qui l'on risque de se retrouver. La preuve : qui eût cru que Nicolas Sarkozy, l'homme de la « rupture », était depuis un quart de siècle copain avec « le dernier des Mohicans » – *dixit* Robert Bourgi sur Robert Bourgi – des réseaux Foccart ? Qui eût cru que le même Nicolas Sarkozy, élu président, allait distinguer « l'intermédiaire discutable » – *dixit* Michel de Bonnecorse sur Robert Bourgi – que l'ex-conseiller Afrique de Jacques Chirac, sur ordre de l'ancien chef de l'Etat, tenait résolument « à bout de gaffe » ? Après, évidemment, nul ne s'étonnera plus qu'une place au sein du gouvernement français puisse être gagnée ou – comme nous allons voir – perdue à Libreville.

1

Sarko, le candidat prometteur

On pourrait parler de « l'ère Martinon ». Non pas que David Martinon ait joué un rôle si central qu'il mériterait d'être érigé en héros éponyme d'une « belle époque » de la Sarkozie qui, elle aussi, serait sans doute discutable. Mais, quand même : ce jeune homme né en 1971, sorti à vingt-sept ans major de sa promotion (« Valmy ») à l'ENA, conseiller diplomatique du ministre Sarkozy en même temps que directeur des relations internationales de l'UMP, puis chef de cabinet de la campagne présidentielle et, enfin, porte-parole de l'Elysée, incarne bien l'arrivée de jeunes Turcs surdoués, et brûlant de faire leurs preuves, dans le sillage de Nicolas Sarkozy. Et puis, David Martinon s'intéressait à l'Afrique qui, elle non plus, n'a jamais été centrale dans la galaxie sarkozienne. Pas centrale mais pas totalement négligeable non plus. Bref, pour un temps, le continent accroché aux basques de l'Europe et l'éternel premier de la classe, avec sa tête de l'emploi au bout d'un cou un peu long, formaient un tandem aussi improbable que la fameuse machine à coudre et le parapluie se rencontrant fortuitement sur une table d'opération. Hélas, les associations surréalistes sont trop éphémères pour porter les fruits de leurs promesses.

David Martinon a été la cheville ouvrière du seul voyage de campagne en Afrique de Nicolas Sarkozy et, en particulier, de l'étape au Bénin où le ministre de l'Intérieur de l'époque a prononcé un discours-programme qui reste une référence. Initialement, ce déplacement devait conduire le père fouettard de la « racaille » des banlieues françaises, outre au Mali et au Bénin, également au Liberia, terre d'élection non seulement de la première présidente d'Afrique, Ellen Johnson-Sirleaf, mais aussi, historiquement, des anciens esclaves affranchis d'Amérique – une expérience de « codéveloppement » avant la lettre, au demeurant pas très concluante. Quoi qu'il en soit, l'étape à l'extérieur du « pré carré » africain de la France, qui aurait permis d'envoyer un signe d'ouverture à l'Amérique, avait finalement été sacrifiée par l'homme pressé, en l'occurrence pressé de regagner Paris pour y suivre les rebondissements de l'affaire Clearstream. Comme prévu, eu égard à la polémique autour de l'immigration et du « pillage des cerveaux africains », le ministre se fit chahuter à Bamako. La clameur de la rue était telle que, sinon au propre du moins au figuré, le discours du 18 mai 2006 – qui comportait pourtant le refus d'une « prime à la mauvaise gouvernance et aux régimes prédateurs », une ferme condamnation du « protectionnisme des pays du Nord » et l'idée d'un « grand débat populaire » pour refonder les rapports entre la France et l'Afrique – était inaudible. En revanche, le lendemain à Cotonou, David Martinon, qui s'était fait cornaquer par Lehady Soglo, fils d'un ancien président béninois, avait assuré une meilleure maîtrise du terrain : certes, plusieurs centaines de manifestants conspuaient le ministre français de l'Intérieur (« Sarkozy, racaille nuisible ») et les députés de tous les partis avaient refusé comme un seul homme que l'Assemblée nationale accueille le pourvoyeur de charters pour qu'il s'adresse à elle. Mais le gouvernement béninois avait circonscrit la contestation en soulignant, dans les mots de son ministre de l'Intérieur, que Nicolas Sarkozy « venait d'abord au Bénin pour exposer la politique française en Afrique ». Et c'était en effet de cela qu'il était question dans le discours de Cotonou, qui méritait donc attention et qui, côté français, avait été travaillé, retravaillé et peaufiné par le noyau dur des « africanistes » autour du candidat à l'Elysée : David Martinon et son adjoint Boris Boillon, qui en avait assuré le premier jet, mais aussi Bruno Joubert, l'actuel conseiller Afrique à la présidence française, qui avait ajouté les pleins aux déliés. Rétrospectivement, ce partage des rôles semble aller de soi. Mais c'est oublier la ruée d'alors sur le char du probable vainqueur de la présidentielle auquel tant d'« amis d'Afrique » cherchaient à accrocher leur petit wagon : à commencer par les anciens ministres Hervé de Charette, Michel Barnier et Olivier Stirn, suivis des « sorciers blancs », ou communicants spécialisés sur l'Afrique, tels que Jean-François Probst, qui ajouta d'ailleurs son grain de sel.

Que dit le discours de Cotonou ? Outre le passage, déjà cité, exorcisant les « réseaux d'un autre temps », il vise à délivrer la France-Afrique « de ses fantasmes et de ses mythes qui la polluent ». En clair : contrairement à ce que croient – ou veulent faire accroire – bien des opposants africains, Paris n'aurait pas – ou, n'aurait plus ? – les moyens pour faire et défaire les pouvoirs entre le tropique du Cancer et celui du Capricorne. « La France n'a pas les intentions et l'influence qu'on lui prête. » Selon Nicolas Sarkozy, elle ne s'accroche pas non plus à une « chasse gardée » sur le continent. Il faut donc récuser « cette idée obsessionnelle que la relation entre l'Afrique et la France serait une relation d'exclusivité ». Bienvenue aux Chinois et aux Américains ! Cependant, pas question de charger la France de tous les maux d'Afrique. « La France doit reconnaître sa part des torts. Mais ceux qui s'en prennent à la France et l'accusent de tous les maux sont eux-mêmes dans le passé : ils semblent avoir besoin d'un bouc émissaire pour cacher leur propre incurie, et s'inventent par ce nouveau mythe une légitimité de façade. » D'ailleurs, l'avenir n'est plus ici ou là, dans un face-à-face d'opposition, mais dans les nouvelles réalités – communes – résultant des flux migratoires. « L'immigration est devenue un autre enjeu majeur de la relation entre la France et l'Afrique. Le sujet ne doit plus être tabou. Il est absolument essentiel d'en parler entre nous. Si on laisse aux partis extrémistes le monopole du discours sur l'immigration, il ne faut pas être surpris de voir progresser la xénophobie et le racisme. L'immigration peut être un atout pour la France comme pour les pays africains. Elle sera une chance si elle est choisie et non subie. [...] Or le résultat de plusieurs décennies d'immigration subie est exactement inverse : aujourd'hui, les petits enfants des migrants qui ont la nationalité française se sentent moins français que leurs grands-parents qui n'avaient pas la nationalité française. »

Le lendemain, le compte rendu de l'envoyée spéciale à Cotonou de *Libération*, Vanessa Schneider, paraît sous le titre : « Sarkozy veut nettoyer la "Françafrique". Au Bénin, le ministre prône l'abolition de la politique des réseaux incarnée par Chirac. » L'article débute par le leitmotiv que la journaliste a trouvé au discours : « La "rupture" continue. » Une seule exception, signalée vers la fin : « Sur la présence militaire française en Afrique, pas question de "rupture", en revanche. "Ces interventions sont parfois mal comprises", a reconnu Nicolas Sarkozy, mais "il est logique que l'on vienne nous solliciter pour rétablir l'ordre et éviter les drames". »

Vu d'aujourd'hui, avec le bénéfice du recul, le tête-à-queue entre les intentions déclarées du candidat et la politique mise en œuvre par le président élu crève les yeux : les réseaux sont de retour à l'Elysée ; Paris est aux petits soins de sa chasse gardée en Afrique, prêt à sacrifier un ministre délégué à la Coopération ; les fantasmes hantent plus que jamais – et pour cause ! – le couple franco-africain et la seule décision claire et nette qui ait été prise depuis mai 2007 concerne le retrait des troupes « pré-positionnées » en Afrique ! Toutefois, pour spectaculaire qu'il soit, ce retournement est moins instructif que le malentendu qui l'a rendu possible, à savoir l'idée qu'au printemps 2006 Jacques Chirac était le marionnettiste des

« réseaux » franco-africains. Car, de cette idée-là, alors la mieux partagée, y compris par un quotidien aussi antisarkozyste que *Libération*, est né l'irrésistible attrait du discours de la « rupture ». Or, on vient de le voir, et on le verra encore mieux au fil des chapitres ci-après, ce n'était qu'un *discours*. Quant aux réalités, c'est-à-dire la simple véracité des faits, rares ont été ceux à s'en préoccuper. Tout était « bien entendu ».

Un retour en arrière s'impose. Pendant le premier mandat présidentiel de Jacques Chirac, entre 1995 et 2002, l'emprise des « réseaux Foccart » sur l'Elysée ne fait aucun doute. Elle était même institutionnalisée sous la forme inédite d'un dédoublement de la « cellule africaine », l'officielle étant sise au 2, rue de l'Elysée, et placée sous la direction de Michel Dupuch, l'ex-ambassadeur de France – pendant quatorze ans – en Côte-d'Ivoire qui, au demeurant, devait sa nomination également à Jacques Foccart ; quant à la « cellule » officieuse, elle était logée dans la même rue, au numéro 14, dans l'hôtel particulier de l'état-major du président, et confiée à Fernand Wibaux, également ex-ambassadeur de France, bien branché sur les « services », et l'un des plus anciens collaborateurs de Jacques Foccart – une description sans doute truffée de pléonasmes. Mais Fernand Wibaux ayant ses propres idées, pas toujours compatibles avec celles de Foccart, le reclus de Luzarches, pris au piège du marcottage de ses réseaux d'influence à l'Elysée, se reposait de plus en plus sur les démarches parallèles que Robert Bourgi entreprit en son nom. Ainsi, pour avoir voulu se doter d'une double commande sur l'Afrique, le président Chirac s'est-il lié les mains dans un lacis de rivalités. Surtout après la mort de Foccart en mars 1997, l'enchevêtrement entre l'officiel, l'officieux et le parallèle est devenu inextricable.

« Chirac l'Africain » ne s'en rendait-il pas compte ? Peut-être cherchait-il à préempter tous les réseaux gaullistes par temps de cohabitation avec la gauche, ou tablait-il sur ses bons rapports personnels avec la plupart des chefs d'Etat d'Afrique. Le fait est qu'il n'a mis de l'ordre dans sa politique africaine qu'après sa miraculeuse réélection de 2002. Michel Dupuch admis à la retraite, il a alors congédié sans ménagement – en quelques heures ! – Fernand Wibaux et nommé conseiller Afrique un homme qui ne répondait qu'à lui, Michel de Bonnecorse, un ancien collaborateur devenu ambassadeur à Nairobi, à Rabat puis à Genève. « En 2002, il y a eu une volonté générale de nettoyage : l'Elysée a coupé les cordons qui le reliaient aux réseaux en Afrique », confirme Jean-Marc Simon, jusqu'à la mi-août 2008 l'ambassadeur de France au Gabon et l'un des meilleurs connaisseurs des arcanes franco-africaines. Pour sa part, Michel de Bonnecorse relate avoir expressément demandé à Jacques Chirac, lors de leurs premiers entretiens, quelle attitude il devait adopter à l'égard de Me Bourgi et, notamment, s'il devait le recevoir à l'Elysée. « Celui-là, je ne veux pas le voir ici, envoie-le chez [Dominique de] Villepin ! », lui aurait répliqué le chef de l'Etat. Ce qui fut fait. Banni du « château », Robert Bourgi se rendait par la suite régulièrement au Quai d'Orsay, de préférence tard le soir ou pendant le week-end. Mais Michel de Bonnecorse ne s'est pas satisfait de cet éloignement un peu hypocrite, qui permettait à Me Bourgi de rentrer par la fenêtre du Quai après avoir été mis à la porte de l'Elysée. En 2005, alors que « la main de Bourgi dans les affaires ivoiriennes » commençait sérieusement à lui chauffer les oreilles, le conseiller Afrique est revenu à la charge auprès du chef de l'Etat pour pousser son avantage. « Je trouvais que Bourgi était trop présent dans l'entourage de Dominique de Villepin, qui n'avait reçu le ministre de la Coopération, Pierre-André Wiltzer, qu'une seule fois, vingt minutes et, encore, entre trois coup de fil, s'explique-t-il. Alors, j'en ai parlé au Président. » Lequel aurait en effet recommandé à « Dominique » de prendre, à son tour, ses distances avec Me Bourgi. Ce qu'il fit d'ailleurs. Pour déférer à Jacques Chirac ? Le président lui-même cédait aux pressions de son conseiller Afrique, suffisamment habile pour les travestir en assauts de candeur, sans doute pas pour les « raisons d'Etat » mises en avant par Michel de Bonnecorse.

Si le divorce entre, d'un côté, l'Elysée et Matignon, et, de l'autre, le dernier lambeau des réseaux Foccart, autour de Me Bourgi, est confirmé par tous les protagonistes, les mobiles et les circonstances de cette séparation sont des plus controversés. Jacques Chirac et, trois ans plus tard, Dominique de Villepin ont-ils coupé les ponts avec Robert Bourgi ? Ou l'avocat et ses « mandants » en Afrique n'ont-ils pas plutôt lâché d'abord un président en bout de course, puis son dauphin préféré, quand ils se sont rendus à l'évidence que ce dernier n'avait plus aucune chance de s'imposer dans la guerre de succession ? La première hypothèse suppose un bien tardif souci d'assainissement de la part du président et du Premier ministre qui, tous les deux, ont toujours aimé jouer à cache-cache avec des masques africains. En revanche, la seconde hypothèse est d'autant plus vraisemblable qu'à la brouille de Me Bourgi avec Chirac et Villepin a succédé le ralliement de l'avocat de la *Françafrique* à Nicolas Sarkozy.

Pour varier les plaisirs, d'autant qu'il est excellent conteur, voici le récit de Robert Bourgi, qui narre comment il est passé d'un camp à l'autre. Comme il sied à une geste gaulliste, tout commence sur la tombe d'un grand homme, « l'irremplaçable » Jacques Foccart. Le 21 mars 1997, Me Bourgi pleure « à chaudes larmes » le disparu, un second père, quand il sent la main de Jacques Chirac sur son épaule qui lui dit : « Robert, venez me voir ce soir à l'Elysée. » A l'heure dite, le président le reçoit en présence de son secrétaire général, Dominique de Villepin. « Robert, à partir de maintenant, il faut travailler avec Dominique. – Mais Dominique ne m'aime pas ! Il a dit qu'il voulait me mettre les menottes. » C'était du temps où Villepin était le directeur de cabinet d'Alain Juppé au ministère des Affaires étrangères et s'irritait du « parasitage » de la diplomatie française par l'avocat. « Au nom de Foccart, vous allez vous réconcilier et travailler ensemble », aurait tranché Jacques Chirac. Ainsi débute plus de dix ans d'un « travail en confiance » au cours desquels l'avocat délivre dans les présidences africaines des messages tellement codés qu'ils ne puissent passer par le chiffre diplomatique. A l'Elysée, comme ensuite au Quai d'Orsay ou Place Beauvau, les deux hommes se voient, devisant de longues heures sur l'Afrique et le monde, souvent le dimanche après-midi, autour d'un Strahisla, la marque de whisky préférée de « DDV ». Ambiance totem et tabou, comme dirait Freud, dans laquelle « Robert » parle de « l'âme de l'Afrique » au grand commis de l'Etat, auteur d'une épopée napoléonienne où le tragique est exalté comme « ce soleil noir de la puissance qui fait que la chute est inscrite dans les gènes de l'aventure ».

L'aventure entre ces deux êtres si dissemblables, l'aigle impérial et le matou madré, aurait tourné court, selon Me Bourgi, en raison de « promesses non tenues ». L'avocat fait état, pêle-mêle, de remises de dettes à plusieurs présidents d'Afrique centrale, d'une visite d'Etat à Paris dont aurait rêvé le président Omar Bongo ainsi que de deux lettres que Jacques Chirac se serait engagé à écrire à son homologue Eduardo dos Santos pour désamorcer l'*Angolagate*, un trafic d'armes de 790 millions de dollars, facilité par des pots-de-vin à l'avenant, qui vaut des ennuis judiciaires en France à un proche du chef de l'Etat angolais, Pierre Falcone. Bref, dans une ambiance de fin de règne, avec Chirac à l'Elysée en Belle au Bois dormant et « DDV » en grenadier voltigeur, sans troupes de soutien, le pouvoir en place à Paris ne donne plus le change à ses « amis » d'Afrique, qui estiment donc urgent de préparer l'avenir.

Le dénouement aurait eu lieu en septembre 2005, une fin d'après-midi. Alors Premier ministre, Dominique de Villepin aurait demandé à Robert Bourgi de ne pas passer par l'entrée principale de Matignon mais de le rejoindre au Pavillon de la musique par l'entrée plus discrète des « visiteurs du soir », rue de Babylone. « Ruisselant de sueur après un jogging, il me dit alors qu'il devait prendre des précautions en vue de la présidentielle, et donc des distances avec moi et mes amis qui sentiraient le soufre, raconte Me Bourgi. Il a aussi mentionné une enquête des services français sur moi. » L'avocat affirme que Dominique de Villepin s'en serait pris « violemment » à plusieurs africains, Omar Bongo, Denis Sassou-Nguesso et Blaise Compaoré, qu'il aurait accablés de tous les torts. « Moi, il m'a accusé d'"intelligence avec l'ennemi" en parlant de mes relations avec Laurent [Gbagbo] que je connais depuis plus de vingt ans. Quel ingrat ! Laurent avait quand même aidé Chirac pour la campagne de 2002. » Robert Bourgi affirme que, « fou furieux », il aurait répondu du tac au tac à Dominique de Villepin : « Vous ne me reverrez plus. Mais s'il se trouve dans la presse un mot – un seul ! – de cette enquête des services sur moi, je vous mets à la retraite. »

La moitié du chemin est faite. Il ne reste plus qu'à atteindre l'autre rive pour avoir le pied sec. A l'en croire, Me Bourgi n'a pas perdu de temps. Dès le lendemain de l'explication orageuse au Pavillon de musique, il dit avoir appelé au ministère de l'Intérieur pour joindre Nicolas Sarkozy. « Je voulais avoir le cœur net sur cette enquête des services qui me visait. Nicolas, je le connaissais depuis 1983, quand nous nous sommes rencontrés pour la première fois au siège du RPR, au 123, rue de Lille. J'étais chargé de l'Afrique et, lui, de la jeunesse du parti. Après la cassure de 1993, quand il avait choisi Balladur, nos liens s'étaient bien sûr distendus – mais quand même. » Au message laissé par l'avocat, le ministre de l'Intérieur aurait rapidement répondu en personne. « Tu m'as appelé ? On ne s'est pas vus depuis si longtemps. Viens ! » Rendez-vous est pris. C'est l'époque où Nicolas Sarkozy rallie à sa personne tous les déçus de la Chiraquie, dont François Fillon qui vient de le rejoindre. Place Beauvau, le ton aurait été franc : « On nous a donné, à tous les deux, un coup de pied au cul – ça nous unit. Ils sont comme ça, Robert. Ils se sont servis de toi, et maintenant ils te jettent. » Nicolas Sarkozy aurait fait venir Claude Guéant. Devant lui, il aurait dit : « Robert, tu as franchi cette porte. Tu es mon ami et je suis heureux de ton secours dans le domaine que tu connais le mieux. » Ainsi débute un nouveau travail dans l'ombre. « Nicolas, je suis avec toi, et avec Claude Guéant qui a ta confiance. »

Si no è vero è ben trovato ? On verra plus loin, dans le dernier chapitre, pour les petits arrangements avec les faits auxquels Me Bourgi n'a pas pu résister. Le « marabout » de Dominique de Villepin a enjambé, en septembre 2005, le torrent de boue qu'était déjà l'affaire Clearstream pour rallier Nicolas Sarkozy en pleine bataille pour la succession de Jacques Chirac. Claude Guéant le confirme – « oui, c'était dans ces eaux-là » – même s'il dit ne pas bien se souvenir des circonstances exactes. Elles importent peu, dans l'immédiat. Car ce retour en arrière ne visait qu'à rétablir le jeu d'ombres et de rutilances dans lequel baignait, en mai 2006, le discours de Cotonou. Le candidat de la « rupture » ? En fait, Nicolas Sarkozy pourfendait d'autant plus franchement les « réseaux d'un autre temps » qu'il les avait déjà récupérés à son profit. Il a allumé le bûcher d'une Chiraquie de paille pour mieux plonger dans l'obscurité ses nouveaux alliés, mercenaires dans l'âme, empressés de voler au secours de la victoire. Et le spectacle a plu, Son et Lumière. Les spectateurs n'étaient pas seuls à être dupes. Dans l'entourage du candidat Sarkozy, les soutiers de la rupture œuvraient jour et nuit, de bonne foi, pour l'avènement des changements qu'ils jugeaient nécessaires afin de mettre à jour la politique africaine de la France. Ils n'étaient pas dans la confidence. En fait, seul Claude Guéant l'était parce que, pour emprunter leur belle formule à Sylvie Pierre-Brossolette et Hervé Gattegno qui ont dressé le portrait de l'homme le plus proche de Nicolas Sarkozy dans *Le Point* du 20 septembre 2007, Claude Guéant est « celui qui sait avant tout le monde ce qui doit être su, parce qu'il est capable, plus que d'autres, de taire ce qui doit être tu ».

David Martinon, lui, n'était pas dans le secret. Un témoin de la scène raconte comment, le 24 mai 2006, cinq jours seulement après le discours de Cotonou, le jeune conseiller diplomatique a vu arriver à la résidence de l'ambassadeur du Sénégal en France, rue Vineuse, dans le 16e arrondissement de Paris, l'homme providentiel qu'il servait, Nicolas Sarkozy, bras dessus, bras dessous avec Me Bourgi, l'avocat de la *Françafrique*. « David est tombé des nues ! » Ainsi prit fin « l'ère Martinon », du moins pour ce qui était de l'Afrique. Car, bien sûr, il n'y a pas que l'Afrique, et David Martinon a voulu encore y croire, d'autant qu'il montait sur le chemin escarpé de la victoire avec

Nicolas Sarkozy. Il est donc resté, est devenu porte-parole de l'Elysée, avant d'être largué comme candidat aux municipales de mars 2008 sur Neuilly-sur-Seine... sans que le parachute s'ouvre. Le président l'a alors sorti du jeu : l'accidenté a été nommé consul général de France à Los Angeles, en Californie. Une plage de repos.

Officiellement, le nouveau pouvoir qui s'installe à l'Elysée après le triomphe du 16 mai 2007 a pour credo sur l'Afrique les discours que le candidat a prononcés à Bamako et à Cotonou. Comment en faire un bréviaire pour tous les jours ? Cette tâche revient au conseiller diplomatique adjoint du président chargé de l'Afrique, Bruno Joubert, auparavant directeur Afrique au Quai d'Orsay où il avait travaillé *la mano en la mano* avec Michel de Bonnecorse, à qui il a donc succédé dans ses nouvelles fonctions. Homme de dossiers, maniaque du détail et gros travailleur, Bruno Joubert était également passé aux « affaires stratégiques » à la DGSE, où il a laissé de bons souvenirs. A l'Elysée, il est épaulé par deux collaborateurs au sein de ce qui, officiellement, ne s'appelle plus la « cellule africaine », Rémy Maréchaux et Romain Serman. Tous les trois travaillent sous la houlette du conseiller diplomatique du chef de l'Etat, Jean-David Lévitte. Mais celui-ci, depuis la stratosphère géopolitique qu'il habite, voit le continent noir de si haut qu'il n'en reste guère qu'une goutte de pétrole au sud de l'Europe, entre le Proche-Orient et l'Amérique... Bref, avec des nuances d'intensité, la ligne officielle est « afro-réaliste », prête à rompre avec l'exception postcoloniale ayant fait l'heur et le malheur du couple franco-africain depuis les « indépendances du drapeau » des années 1960. Sans être opposé à un *aggiornamento* qu'il juge également indispensable, le conseiller spécial du président, Henri Guaino a ses propres idées – un peu alchimiques – sur l'œuvre au noir que la France se doit d'accomplir au sud du Sahara. Enfin, nous l'avons vu, il y a Claude Guéant, pas spécialement porté sur l'Afrique – encore qu'il ait accompli son service militaire pendant cinq mois à Bangui, en 1969 –, mais chargé des « affaires réservées » du président et, à ce titre, toujours prompt à planter un clou dans un fétiche.

Voilà donc pour le dispositif du départ qui va ensuite se mettre en mouvement, se déployer au gré des événements. Cela ressemblera à une partie d'échecs, un blitz où les coups sont rendus sous la pression du temps. Gambit d'ouverture pour les partisans du changement : ils sacrifient la présidente du Liberia pour gagner un avantage psychologique sur les tenants d'une politique du *statu quo*. Le 24 mai 2007, la première femme démocratiquement élue à la magistrature suprême en Afrique, Ellen Johnson-Sirleaf, est aussi le premier hôte subsaharien du président Sarkozy. Pour la faire venir à Paris de toute urgence, depuis l'Allemagne où elle séjourne, Bruno Joubert et les siens se démènent comme de beaux diables. Tout cela pour une conversation d'un petit quart d'heure à l'Elysée. « Je n'y ai rien compris », avoue la « dame de fer » de Monrovia, qui se console du saut de puce à Paris qu'on lui a fait faire en admirant, deux heures durant, les maquettes de palais présidentiels de Pierre Fakhoury dans les vastes bureaux de l'architecte sur le boulevard Saint-Germain. Elle ne mesure pas – et comment la blâmer ? – l'enjeu symbolique que représente, surtout aux yeux de l'intéressé, la politesse grillée au « doyen » des chefs d'Etat africains, le Gabonais Omar Bongo. L'affront sera chèrement payé. Grand roque des partisans du dernier dinosaure du *Jurassic Park* franco-africain : quand il est reçu, le lendemain, pendant plus d'une heure, Omar Bongo obtient une remise de dette sans précédent. Alors que le Trésor français avait proposé une annulation de 5 pour cent, en réponse à une demande gabonaise de 30 pour cent, Nicolas Sarkozy rend un arbitrage très favorable à Libreville, à 20 pour cent, dont 5 pour cent de reconversions de dettes sous forme d'investissements dans les forêts gabonaises. La « synthèse » avait été préparée par Claude Guéant. « L'audience accordée à Johnson-Sirleaf, la veille, avait fait des vagues », reconnaît Henri Guaino. Mais ce n'est pas tout. Peu après, le Congolais Denis Sassou-Nguesso, autre émir du pétrole d'Afrique centrale, se voit accorder à son passage à Paris le même traitement de faveur. Merci, Me Bourgi ! « C'est vrai que Robert [Bourgi] a poussé à la roue, contre Joubert et la "cellule africaine" de l'Elysée », confirme, le 26 juin 2008, le président Bongo, de toute évidence très satisfait d'avoir obtenu 20 pour cent de remise là où Jacques Chirac, en accord avec le Trésor, ne lui avait voulu concéder que 5 pour cent. « Ça a été vraiment chic de [la part de] Sarkozy. »

A la bataille pour les premières visites et les « cadeaux » de bienvenue succède la foire d'empoigne autour du premier voyage présidentiel sur le continent : à dix jours du départ, *Jeune Afrique* apprend à ses lecteurs que l'étape sud-africaine prévue a été abandonnée et qualifie l'itinéraire retenu – Dakar, Accra, Brazzaville et Kinshasa – comme « un casting somme toute très sarkozien ». Cela dépend à qui on parle à l'Elysée. En l'occurrence, l'hebdomadaire panafricain tient ses informations de Bruno Joubert. Seulement, le conseiller Afrique ignore que, dans son dos, Me Bourgi, pour le compte d'Omar Bongo, a obtenu un nouveau changement de programme : *exit* les deux Congo, plus question d'une halte au Ghana, un pays anglophone. Nicolas Sarkozy ira rendre hommage au « doyen » de l'Afrique, après avoir lancé son « Appel aux jeunes » depuis Dakar. L'incongruité de cet enchaînement ne sera guère relevée dans la presse, pas plus qu'on n'y trouvera d'enquêtes sur le pourquoi et le comment des ultimes modifications apportées au périple prévu. « Même quand l'étape gabonaise était déjà acquise, on a encore tout changé à la dernière minute, parce que Bongo et son avocat voulaient une visite plus classique, avec bain de foule des deux présidents dans les rues de Libreville et tout le tralala à l'ancienne », confie un diplomate français impliqué dans les préparatifs. Mais, rétrospectivement, Claude Guéant n'a pas de regrets. « Le choix du Gabon se justifie. Robert Bourgi n'avait pas tort de plaider qu'on ne pouvait pas ne pas aller voir le "doyen". »

Et le « discours de Dakar » ? Il a fait l'unanimité contre lui, ou presque, y compris dans les rangs du gouvernement. On ne peut l'apprécier qu'à condition de « ne pas l'avoir lu », a estimé Bernard Kouchner encore un an plus tard, le 25 juillet 2008, dans une interview au quotidien *Sud-Ouest.* Un collectif d'intellectuels africains a pris la peine de réfuter l'Appel aux jeunes dans une anthologie de près de 500 pages, *L'Afrique répond à Sarkozy. Contre le discours de Dakar* (Ed. Philippe Rey), parue en février 2008. Certains critiques ont qualifié de « raciste » – ce qui paraît tout de même excessif – une rhapsodie de poncifs sur « l'homme africain » qui ne serait « pas assez entré dans l'histoire », parce que prisonnier du « temps rythmé par la répétition sans fin des mêmes gestes et des mêmes paroles ». Quoi qu'il en soit, on a abondamment commenté ces passages sur la place publique. A l'occasion du premier anniversaire du texte sorti de sa plume, Henri Guaino a publié une défense et illustration de son œuvre incomprise dans *Le Monde.* En fait, il n'avait voulu renvoyer dos à dos que les deux extrêmes d'une même perdition, « l'occidentalisation » à tous crins de l'Afrique, chère aux modernistes, et « la tentation de la pureté », le repli du continent sur une identité essentialiste prôné par les traditionalistes. Mais finalement, hormis la « dignité » de l'Afrique qui survivra peut-être aux idées fuligineuses d'un *ghostwriter* présidentiel, où est l'enjeu ? « Le discours de Dakar, c'est de l'idéologie et, en fait, c'est du vent, affirme le président ivoirien Laurent Gbagbo. Il n'y a rien de politique là-dedans, rien qui tirerait à conséquence. » C'est un point de vue qu'on a moins entendu. Or les cris d'orfraie déclenchés par l'Appel aux jeunes d'Afrique – d'ailleurs prononcé, le 26 juillet 2007 à l'université Cheick Anta Diop, devant un parterre à la moyenne d'âge entre cinquante et soixante ans, dont un bon quart d'Européens – contrastent avec le silence au sujet de la seconde étape du voyage de Nicolas Sarkozy. La jeunesse africaine (et, du reste, française) a-t-elle été davantage déçue, sinon « insultée » à Dakar ou à Libreville ? Dans les circonstances dans lesquelles elle a été prise, la décision de Nicolas Sarkozy de se rendre dans la capitale gabonaise a tranché entre deux politiques africaines : la rupture avec le passé ou, dans ce qui reste de l'ancien « pré carré », le retour à une connivence entre dirigeants. Pour s'être compromis avec les éléments les plus rétrogrades du monde franco-africain, le candidat prometteur s'est révélé un président aux mains du « clan gabonais ».

Propos outrancier ? Qu'on en juge. Au cours de sa conférence de presse, le 27 juillet à Libreville, Nicolas Sarkozy s'est expliqué au sujet de l'effacement de 20 pour cent de la dette publique gabonaise due à la France, soit environ 1 milliard d'euros (sur un total de 2,2 milliards d'euros d'endettement extérieur). « Je veux dire les choses telles qu'elles se présentent, a déclaré le président français. Le Gabon n'a pas de riches réserves pétrolières. La production de pétrole y diminue, passant sur les cinq dernières années de 17 millions de tonnes à 12. Et dans dix ans, si on ne trouve pas de nouveaux gisements, il n'y aura plus de pétrole. Présenter le Gabon comme un pays qui ne peut pas bénéficier de remise de dettes, c'est, me semble-t-il, une injustice. » Il faut tranquillement reconsidérer ces paroles. Voilà un Etat africain grand comme la France, qui ne compte que 1,3 million d'habitants, une éponge à pétrole qui est exploitée depuis 1956 et dont la rente pétrolière, accaparée par la « famille » Bongo, n'a pas même financé un réseau routier ou des infrastructures sanitaires dignes de ce nom. Il est vrai qu'en l'absence de nouvelles découvertes, la déplétion des gisements gabonais a entraîné une importante chute de la production. Cependant, en raison de la hausse concomitante des cours du pétrole, le Produit intérieur brut (PIB) par tête d'habitant a *plus que doublé* entre 2002 et 2007, passant de 2 990 dollars à 6 877 dollars. Or, pendant la même période, dans le classement des Nations unies selon l'Indicateur du développement humain, le pays d'Omar Bongo a encore reculé de deux places, se situant en 2007 au 119e rang (sur 175 pays au total). Alors, combien de tonnes de pétrole par habitant faut-il pour que le Gabon puisse se développer ? Et en quoi est-il « injuste » d'estimer qu'il a déjà largement les moyens de s'en sortir tout seul, à moins de supposer que la France lui doit – dans les mots du candidat Sarkozy – « une prime à la mauvaise gouvernance et aux régimes prédateurs » ? Et si celle-ci était généralisée à l'Afrique, faudrait-il en payer le centuple aux 140 millions de Nigérians ?

Des questions de ce type ont dû tourmenter Jean-Marie Bockel, le secrétaire d'Etat à la Coopération qui, à Libreville, se tenait aux côtés de Nicolas Sarkozy lors de la conférence de presse du président. En effet, six mois plus tard, il en est arrivé à ces conclusions : « Quand le baril est à plus de 100 dollars, et que d'importants pays producteurs de pétrole ne parviennent pas à se développer, la gouvernance est en question. Quand les indicateurs sociaux de ces pays stagnent ou régressent tandis qu'une minorité mène un train de vie luxueux, la gouvernance est en question. Que deviennent ces revenus pétroliers ? Pourquoi la population n'en bénéficie-t-elle pas ? Est-il légitime que notre aide au développement soit attribuée à des pays qui gaspillent leurs propres ressources ? » S'il avait bien compris la leçon de Libreville, Jean-Marie Bockel aurait dû savoir qu'il entonnait là le Kyrie de son propre Requiem.

2

Sarko saute sur le Darfour

Abéché, dans l'est du Tchad, juin 2008. Il n'est pas toujours aisé de repérer la France dans les « sables chauds » du désert. La main placée en visière sur les yeux contre un soleil aveuglant, la petite troupe de journalistes – trois, en fait – localise le hangar où elle doit se rendre en débarquant de l'avion l'ayant amenée de N'Djamena, la capitale, à environ 800 kilomètres d'ici. C'est l'escale aérienne du Camp Croci, un camp militaire français. Mais c'est, aussi, le terminal improvisé de l'EUFOR Tchad-RCA, la force européenne dans deux pays limitrophes du Darfour, le Tchad et la République centrafricaine qui est censée « endiguer » la violence dans l'ouest du Soudan. En principe, la force européenne est à part, séparée des forces françaises. En même temps, les deux tiers de ses effectifs sont français – ce qui n'aide pas, ou aide beaucoup, c'est selon. En tout cas, le camp de l'EUFOR, le Camp des Etoiles, se trouve à plusieurs kilomètres de là. Au milieu de rien, ce vaste quadrilatère émerge d'un camaïeu d'ocre. Tous les camps militaires dans l'est du Tchad, sauf bien sûr celui de l'Armée nationale tchadienne (ANT), sont commandés par des officiers français. Mais ils n'ont pas la même mission et tiennent beaucoup à ce qu'on ne les confonde pas. Car la France au Tchad en tant que France ne poursuit pas les mêmes objectifs que la France au Tchad quand elle y est en tant que pays membre de l'Union européenne… Le colonel Axelos, officier de presse au sein de l'EUFOR, admet que ce n'est pas limpide. « Le Tchad est compliqué, la RCA est également complexe et la France n'est pas simple », dit-il en guise de consolation. On ne pourra pas dire qu'on n'était pas prévenu. D'autres âmes charitables suggèrent de distinguer les Français, sinon par leur uniforme, en fonction de leur langue : « C'est simple, il y a ceux qui parlent anglais et ceux qui ont horreur de ça. » Comme, en dehors du *dress code* affiché à l'état-major, tout se passe toujours en français, ce critère ne se révèle cependant pas non plus très probant.

Reprenons. Le Camp Croci porte le nom d'un pilote de chasse français mort au combat, le 25 janvier 1984. Le capitaine Michel Croci, commandant de l'Escadron *Jura,* a été abattu à bord d'un Jaguar « touché par les tirs d'une colonne rebelle ». C'était du temps de l'opération militaire française *Manta.* Ce qui prouve déjà trois choses : des colonnes rebelles dans l'est du Tchad, ce n'est pas nouveau ; pas plus que la présence militaire française ; enfin, si l'opération *Manta* a précédé l'actuelle opération *Epervier,* laquelle a débuté en 1986, c'est que les opérations militaires françaises au Tchad peuvent avoir la vie dure. Bien qu'on eût juré le contraire, le Camp Croci n'est donc pas une « base » permanente mais juste une implantation éphémère. Du provisoire qui dure. Il est utile de l'avoir en tête quand on s'approche du Camp des Etoiles. Car ici, les bulldozers et les grues travaillent, jour et nuit, comme si le but était de déclencher un vent de sable. Des fossés sont creusés tout autour du camp, une piste d'aviation est nivelée et attend d'être goudronnée, la ville nouvelle au milieu du désert compte deux cents maisons préfabriquées, climatisées vingt-quatre heures sur vingt-quatre… si mal que ceux qui ont le choix préfèrent tous dormir sous la tente. « C'est un truc des Belges », glousse un adjudant français. Encore que les Belges parlent français – « enfin, si on peut dire ». Rien à voir, en tout cas, avec les Norvégiens et les Suédois qui, eux, « ne parlent qu'english ». Ils logent « entre eux » quelque part à la périphérie du camp, on ne saura jamais très bien où exactement parce que le geste indicateur de la main est aussi vague que celui d'un nomade balayant l'horizon de ses transhumances. Peu importe, d'ailleurs. « Vous ne voulez quand même pas aller voir des gens qui sont venus ici en amenant leur sauna ? Des saunas, en plein désert ? Heureusement, le colonel leur a coupé l'eau, vite fait bien fait. » Cela se comprend, étant donné que l'eau potable est par moments importée de si loin que la bouteille d'un litre et demi revient à 5 euros. A ce prix, la dotation réglementaire de dix litres par soldat et par jour a dû être réduite de moitié. « Ce serait moins cher de prendre un bain de bière. » L'idée fait rêver. Mais « moins cher » n'est plus un critère comptable quand on est enlisé dans le sable, sous un soleil de plomb, et entouré de vautours.

« Ils ont cannibalisé les 450 camions qu'on avait montés sur le rail à Douala ! », le principal port du Cameroun. « Ils ont même siphonné les réservoirs. » Décidément, « ils » – les locaux – sont terribles. « Ils nous caillassent, surtout quand ils voient une femme au volant, se plaint une adjudante. Tu parles d'une opération militaro-humanitaire… »

La bonne nouvelle, donc, c'est que le Camp des Etoiles n'est pas appelé à durer. Là encore, on aurait juré le contraire. Mais l'EUFOR Tchad-RCA, qui a débuté en février 2008, n'est mandatée que pour un an. En ce mois de juin, elle n'a même pas encore atteint sa pleine capacité – 3 600 militaires originaires de 17 nations – alors que débute déjà la planification de son retrait et la négociation de sa relève. Dans le jargon, il s'agit d'une *bridging operation* : rien avant et, après, rien de sûr non plus. Théoriquement, la relève doit être assurée par une force de paix des Nations unies. Le représentant spécial du secrétaire général de l'ONU, Victor Angelo, prépare une « opération d'un type nouveau », composée de moins de militaires que de gendarmes et de policiers internationaux, quand même quelque 4 500 hommes au total. En attendant, la MINURCAT (Mission des Nations unies en RCA et au Tchad) aurait déjà dû former au moins 300 policiers et gendarmes tchadiens, qui étaient censés sécuriser les camps des 230 000 réfugiés du Darfour et ceux des 170 000 déplacés intérieurs. Hélas, l'effectif de la MINURCAT, qui devrait s'élever à 1 700, compte seulement 600 agents, dont très peu d'instructeurs. Le retard est d'autant plus fâcheux que l'EUFOR n'a pas le droit d'entrer dans les camps.

Dans la division du travail telle qu'elle était prévue, la force européenne assurait la « sécurité zonale », c'est-à-dire celle du territoire tout autour des camps, soit une étendue grande comme la moitié de la France. « Alors qu'on a pu déployer 3 000 soldats européens, la MINURCAT n'a pas été capable de déployer 300 gendarmes et policiers. C'est à cause de cela que toute l'opération a perdu sa cohérence », peste un diplomate français. Lequel charge un peu la barque car, parallèlement, l'opération des Nations unies de l'autre côté de la frontière, au Darfour, là où se produisent d'effroyables massacres depuis 2004, devait également monter en puissance, en passant de 7 000 à 26 000 casques bleus. Or, elle plafonne à 9 000 soldats et manque d'hélicoptères – tout comme l'EUFOR, d'ailleurs. « Mais nous sommes sûrs de les obtenir sous peu », indique le commandant du Camp des Etoiles, le colonel Dumont Saint Priest. C'est tant mieux pour l'EUFOR mais toujours pas bien pour la « cohérence » d'une pacification régionale qui reste de bric et de broc. Quand les camps dans l'est du Tchad finiront par être sécurisés, la force européenne ne sera plus là pour endiguer la violence alentour. Quant à l'épicentre des tueries, l'ouest du Soudan, on se demande évidemment pourquoi l'Europe a envoyé ses soldats de la paix dans les pays voisins, si le but était d'arrêter le massacre, voire le « génocide » au Darfour.

La meilleure façon de trouver une réponse à cette question consiste à « chercher la France ». Seulement, laquelle ? Celle installée au Camp Croci ou celle du Camp des Etoiles ? Les deux n'ont pas la même mission. Les Français réputés faire un blocage sur la langue de Shakespeare sont ici pour « aider le gouvernement légitime du Tchad dans le cadre de l'accord de coopération militaire technique signé en 1976 », selon le commandant en chef adjoint d'*Epervier,* le colonel Caille. Leurs chasseurs Mirage strient le ciel pour fournir aux autorités de N'Djamena du renseignement sur les mouvements rebelles. En cas de besoin, l'armée française livre des munitions aux gouvernementaux et évacue leurs blessés. En revanche, l'EUFOR est impartiale, « elle n'a pas vocation à se mêler des combats entre l'armée tchadienne et les rebelles, son mandat ne vise que la protection des civils, c'est-à-dire des réfugiés, des déplacés, des travailleurs humanitaires et de la population locale », selon le commandant opérationnel de l'EUFOR, le général de brigade Jean-Philippe Ganacia. Ce qui revient à dire que la France, quand elle intervient seule, est l'alliée du pouvoir tchadien, tandis qu'elle se veut neutre quand elle intervient au sein de l'EUFOR, aux côtés d'autres pays européens. N'y a-t-il pas risque de s'emmêler les casquettes ? « Ça ne nous fait pas des nœuds au cerveau », répond le colonel Caille.

Mercredi 11 juin, 2008 : dans le Dar Sila, au sud-est d'Abéché, une colonne rebelle venue du Darfour abat un hélicoptère de combat de l'armée tchadienne, un MI-17, et touche également un MI-24, qui parvient à regagner la capitale de l'Est pour un *managed crash,* un atterrissage d'extrême urgence. Par la suite, pendant une semaine, les rebelles virevoltent dans le nord-est du Tchad, scindent leurs effectifs, roulent la nuit et se retrouvent, à l'aube, pour investir telle ou telle localité à la faveur d'un coup de main, la tiennent pendant quelques heures avant de s'égailler de nouveau, sans laisser aux renforts dépêchés sur place par le gouvernement le temps d'arriver. Du reste, le pouvoir central n'ose pas dégarnir la capitale, sous peine de revivre une nouvelle « bataille de N'Djamena », comme au début du mois de février quand Idriss Déby n'avait sauvé son fauteuil présidentiel, et sa vie, que grâce à la mésentente entre diverses factions rebelles, grâce à ses hélicoptères de combat et, aussi, grâce au soutien de la France. Depuis, à la « France-France » de l'opération *Epervier* s'est ajoutée la « France-Europe » de l'EUFOR. La première renseigne toujours, mais n'a pas grand-chose d'autre à fournir aux loyalistes, puisque les rebelles ne font finalement que trois tours avant de retourner au Darfour. Quant à la seconde, elle a plus de peine à prouver son impartialité : en effet, le 14 juin, elle n'intervient pas à Goz Beïda, pourtant l'une de ces bases avancées près de la frontière, où les insurgés pillent des organisations humanitaires locales et leur volent des véhicules tout-terrain, aussitôt transformés en *technicals,* le nom des 4 × 4 surmontés d'une mitrailleuse ou d'une DCA. Grosse colère du président Idriss Déby qui, le 16 juin, s'en prend à la force européenne à la télévision nationale : « Nous avons accueilli, avec joie, la force de l'EUFOR chargée de sécuriser les populations réfugiées, déplacées et les humanitaires, déclare-t-il en forçant un peu sur sa "joie" initiale. Mais, quelle ne fut notre surprise de voir, dès la première épreuve hostile, cette force coopérer plutôt avec les envahisseurs, laissant emporter les véhicules des humanitaires, incendier leurs stocks de vivres et de carburant et fermant les yeux devant le massacre programmé des populations civiles et des réfugiés. Oui, mes chers compatriotes, nous sommes en droit de nous interroger sur l'efficacité de cette force, de l'utilité de sa présence au Tchad. » Le discours d'Idriss Déby augure mal du renouvellement du bail.

En vérité, le dilemme de l'EUFOR est bien plus grand encore. Car, pour efficacement protéger les civils, la force européenne doit garder à l'œil les deux belligérants et affronter quiconque commet des exactions. Cette noble mission rend l'EUFOR extrêmement vulnérable aux manipulations : qu'arriverait-il, en effet, si l'une des parties au conflit imputait un massacre de civils à l'autre et sommait la force européenne d'intervenir *manu militari*, en vertu de son mandat de protection ? Pour déjouer le piège, l'EUFOR doit être présente sur le terrain et, ceci étant lié à cela, bien renseignée. Or, quand les hélicoptères gouvernementaux décollent sous son nez, à Abéché, l'état-major de l'EUFOR émet une alerte radio pour faire cesser tout mouvement de ses patrouilles et pour consigner les troupes dans ses bases avancées. Une précaution qui s'explique : les hélicoptères de l'armée tchadienne sont pilotés par des mercenaires, des Ukrainiens et des Mexicains, qui touchent des primes au décollage (5 000 dollars) et des primes de tir (1 000 dollars par roquette). Dans ces conditions, un accident est vite arrivé, pas seulement avec les troupes de l'EUFOR mais aussi avec des civils qui peuvent être pris pour des rebelles. Enfin, c'est la porte ouverte à toutes les provocations, notamment pour déstabiliser l'EUFOR et la faire sortir de sa posture d'impartialité – le précédent en Côte-d'Ivoire, en novembre 2004, quand l'aviation gouvernementale avait bombardé une position des « forces impartiales » à Bouaké, tuant neuf soldats français et un civil américain, est dans tous les esprits. A tel point d'ailleurs que, selon une information recoupée auprès de plusieurs sources, le commandant opérationnel de l'EUFOR n'a eu de cesse de réclamer un système radar et des missiles sol-air *Mistral* pour mettre le Camp des Etoiles à l'abri d'une telle mauvaise surprise. La confiance règne entre la France-Europe et le Tchad…

On peut prendre des risques, quand il s'agit de sauver des vies. Mais est-ce le cas ? L'EUFOR se porte-t-elle au secours de populations martyres ? Pas au Darfour, en tout cas, puisqu'elle n'y est pas. Quant aux *jenjawid* (littéralement : « le mal à cheval »), ces miliciens armés par Khartoum que la force européenne devait renvoyer chez eux, au Soudan, ils ne sont finalement jamais venus. « On n'affronte pas le danger auquel on croyait devoir faire face. On est dans tout autre chose, reconnaît le général Ganacia. La réalité du terrain, ce ne sont pas les hordes de *jenjawid* mais l'insécurité dans l'est du Tchad. C'est cette insécurité intrinsèque qui conditionne la situation des déplacés tchadiens, qui n'a rien à voir avec ce qui se passe au Darfour. » En lieu et place des *jenjawid*, les reîtres de l'Apocalypse, l'EUFOR pourchasse des *zaraguinas*, des coupeurs de route comme il y en a un peu partout en Afrique. Au début, sous la pression des politiques qui la poussaient à « faire du chiffre », la force européenne a fortement incité les déplacés tchadiens à rentrer chez eux. Quelque 5 000 déplacés ont alors déclaré qu'ils « envisageaient » de retourner dans leurs villages – mais peu d'entre eux ont joint l'acte à la parole. « Nous avons commis une erreur qui nous a mis à dos les humanitaires », reconnaît le commandant opérationnel de l'EUFOR. Dans une note interne adressée à Bruxelles, le représentant européen à N'Djamena, Gilles Desquelles, a ainsi résumé la situation : « Les relations entre l'EUFOR et la communauté humanitaire se sont singulièrement dégradées aux mois de mars et avril 2008 ; l'EUFOR était accusée de prosélytisme sur la question du retour des personnes déplacées à l'est du Tchad. La force était en particulier soupçonnée de vouloir promouvoir coûte que coûte le retour des personnes déplacées pour mettre en évidence sa valeur ajoutée sur le terrain. » Depuis, bien que l'EUFOR ait tourné bride sur la question du retour des déplacés, la « valeur ajoutée » de la force européenne reste controversée. Seul Médecins sans frontières-Luxembourg a sollicité la protection des soldats de paix européens. D'autres ONG profitent, au coup par coup, des patrouilles ou convois de l'EUFOR pour se déplacer en sécurité, tout en prétendant qu'elles pourraient « aussi bien s'en passer ». Enfin, plusieurs organisations caritatives estiment que la présence militaire européenne entraîne plus d'effets pervers pour leur travail qu'elle n'apporte d'avantages. Annette Rehrl, la représentante à Abéché du haut-commissariat des Nations unies pour les réfugiés (UN-HCR), ne se cache pas pour le dire : « Avec l'EUFOR, ce n'est pas seulement pas mieux mais c'est nettement pire qu'avant : il y a plus d'incidents, plus de vols de véhicules et un mort, un Français qui travaillait pour [l'ONG britannique] *Save The Children.* »

Summa moralia : l'Europe a projeté dans l'une des régions les plus enclavées et les plus inhospitalières de l'Afrique 3 600 soldats de la paix censés « sécuriser » une zone quatre fois grande comme le Kosovo, où l'ONU avait envoyé 15 000 casques bleus ; sur le théâtre d'opérations dans l'est du Tchad, le contrôle des camps de réfugiés et de déplacés ne relève pas du mandat de l'EUFOR et n'a pas été assuré, comme prévu, par l'ONU ; celle-ci n'a pas non plus pris d'engagement ferme pour la relève de la force européenne ; au-delà de mars 2009, il n'existe ainsi aucune garantie que les répercussions régionales de la crise du Darfour soient maîtrisées par un dispositif militaro-humanitaire au Tchad et en Centrafrique ; l'Europe n'y aura été présente que le temps de monter puis de remballer la coûteuse logistique d'une force *ad hoc* dont le coût global se situe dans une fourchette entre 700 à 800 millions d'euros, un chiffre à mettre en regard avec le coût – 300 millions d'euros – de l'opération *Licorne* en Côte-d'Ivoire en 2004, quand les effectifs étaient comparables ; cette dépense est sans commune mesure avec le nombre de vies humaines sauvées dont un responsable sur place admet qu'il est « trop aléatoire pour qu'on puisse le chiffrer ».

Pour savoir comment l'Europe a pu s'engager dans l'est du Tchad, il faut « chercher la France ». Elle n'est pas difficile à trouver sous les traits de Bernard Kouchner, toujours prêt à s'enflammer pour une bonne cause s'il peut la faire sienne. A soixante-sept ans, transfuge du PS, l'ancien ministre de la Santé de François Mitterrand a reçu, le 18 mai 2007, le prestigieux portefeuille des Affaires étrangères des mains d'un « homme qui n'a aucune honte à pêcher dans les eaux d'extrême droite » – c'est ainsi qu'il avait vilipendé Nicolas Sarkozy pendant la campagne électorale, quitte à se faire repêcher ensuite par un ennemi trop fort. Le lendemain de sa nomination, un samedi, il impose d'emblée sa marque personnelle – « urgence absolue et tutoiement », résume l'un de ses collaborateurs – en réunissant au Quai d'Orsay les membres de son cabinet, des diplomates de la maison et quelques représentants d'ONG. A l'ordre du jour : le Darfour, l'ouest du Soudan qui s'est rebellé en avril 2004 contre le pouvoir central à Khartoum, lequel a répondu à l'insurrection par une politique de terre brûlée, une « lutte anti-insurrectionnelle bon marché » (Alex de Waal) menée à coups de campagnes d'épuration ethnique dont le bilan est estimé à 200 000 morts et 2,5 millions de civils chassés de leur foyer – soit près de la moitié de la population. L'affaire tient à cœur au nouveau ministre qui avait participé, le 20 mars, à une grande réunion de mobilisation à la Mutualité, à l'initiative d'Urgence Darfour, un collectif d'ONG présidé par Jacky Mamou, ancien dirigeant de Médecins du monde. Sur l'estrade, Bernard Kouchner avait embrassé l'un des leaders de la révolte au Darfour, Abdelawahid al-Nour, qui vivait en exil à Paris et qui lui avait été présenté par le délégué général d'Urgence Darfour, Richard Rossin, ancien cofondateur de Médecins sans frontières. A la tribune, Bernard Kouchner avait déclaré : « Oui, c'est un génocide qui s'accomplit sous nos yeux. Un de plus. Un de trop. [...] Nos frères du Darfour sont en train de mourir. N'acceptons plus cela. Soyons plus forts que les obstacles. » Une intervention dont le ministre n'a pas gardé un souvenir précis. Le 25 août 2008, dans une interview à *Sud-Ouest,* il a en effet parlé des « massacres [au Darfour] que je n'ai jamais qualifiés de génocide mais de crimes contre l'humanité et de massacres de masse ».

Au lendemain de sa nomination à la tête du Quai d'Orsay, le nouveau ministre n'avait que des « couloirs humanitaires » en tête. « Il y croyait dur comme fer. Pour lui, c'était la solution pour le Darfour, témoigne un collaborateur. On aurait dit que son horloge mentale s'était arrêtée quand il avait inventé, avec son ami italien Mario Bettati, le "droit d'ingérence" qui avait réussi son baptême du feu, en 1991, au Kurdistan. » D'autres témoins de l'époque se souviennent d'autres idées du ministre, comme d'une zone d'interdiction de survol (*no fly zone*) ou de l'intention d'ouvrir une « représentation diplomatique » de la France au Darfour. Avec cette caisse à outils conceptuels, qui datait en effet de la première guerre contre l'Irak, Bernard Kouchner s'est rendu, le 11 juin 2007, à Khartoum. Pour l'occasion, plusieurs journaux soudanais avaient déterré la photo du « bisou » donné par le nouveau chef de la diplomatie française à Abdelwahid al-Nour, à la Mutualité. Après des entretiens – tendus – avec les autorités soudanaises, Bernard Kouchner a rencontré les représentants des agences des Nations unies et des ONG actives au Darfour. La réunion a vite tourné à l'altercation à peine polie. Voici le compte rendu de l'un des participants, bon connaisseur du Darfour. « Visiblement, [Bernard] Kouchner n'avait aucune idée de la faisabilité de son projet. L'opération Zorro traversant la frontière [tchado-soudanaise] sans peur et sans reproche pour secourir les pauvres victimes de génocide qui n'attendaient que ça ! Toutes les agences réunies ont dit unanimement qu'il n'y avait pas besoin de corridors humanitaires, que la situation humanitaire était sous contrôle et que les déplacés avaient urgemment besoin d'une solution politique pour rentrer chez eux et retrouver leur terre. Le ministre s'est alors exclamé : “Mais vous êtes naïfs, la solution politique, c'est pas pour demain ! Les corridors sont nécessaires”, disant, en gros, que les gens du terrain n'avaient aucune idée de ce qui s'y passait (alors que lui, par contre, bien briefé par Abdelwahid al-Nour, savait mieux que tout le monde). Incroyable ! Toutes les ONG et les agences de l'ONU étaient atterrées. Du coup, UNMIS [la Mission des Nations unies au Soudan] a envoyé un câble à New York s'opposant à l'initiative de Kouchner et démontant son argumentation de A à Z. On a par ailleurs appris que les ONG françaises ont dit la même chose à Paris. »

Après ce fiasco, il fallait une branche pour se rattraper. Bernard Kouchner l'avait déjà en main. La veille, il avait en effet rencontré, à N'Djamena, le président tchadien Idriss Déby. Qui avait été toujours aussi hostile à une force de paix internationale dans l'est de son pays, une idée que les Nations unies le pressaient d'accepter, en vain, depuis des mois et des mois, dans différents « formats » sans cesse révisés. « Si vous êtes mal à l'aise avec une présence onusienne, lui a dit Bernard Kouchner, je vous propose une présence européenne avec une forte composante française. » Sous-entendu : là, vous êtes en terrain connu. Et le général Déby avait donné son accord ! Selon l'un de ses conseillers, « il a compris qu'il n'échapperait pas à l'opération militaro-humanitaire dans l'est et qu'à tout prendre, il valait donc mieux la monter avec nos "cousins français", plutôt que de risquer le saut dans l'inconnu avec la communauté internationale ». L'affaire est définitivement entendue, côté français, après la Conférence de Paris qui, le 25 juin 2007, enterre tout espoir d'une initiative vigoureuse de la communauté internationale au Darfour lui-même. En l'absence du gouvernement soudanais et de l'Union africaine, le « groupe de contact élargi » – notamment à la Chine – issu de cette réunion mal préparée était condamné à rester une coquille vide. « C'est comme ça qu'est née l'EUFOR : du projet avorté des corridors et du désir de faire quelque chose des forces françaises sur le terrain pour satisfaire les électeurs à l'appétit humanitaire », affirme la responsable d'une grande ONG. A l'état-major général des armées, à Paris, un officier va plus loin : « Il y a eu un deal entre Sarkozy et Kouchner, affirme-t-il. Kouchner est entré au gouvernement en échange de la promesse qu'il aurait un dossier très médiatique pour lui tout seul : le Darfour et ce qui tourne autour. C'est sa lucarne pour exister en dehors du contrôle de l'Elysée, auquel il n'échappe d'ailleurs pas. Voilà ce qui explique aussi le fonctionnement, totalement hors normes, d'Eric Chevallier, le conseiller spécial de Kouchner. »

Docteur en médecine, diplômé de Sciences-Po, Eric Chevallier, aujourd'hui âgé de quarante-huit ans, était déjà conseiller de Bernard Kouchner quand celui-ci fut secrétaire d'Etat à la Santé puis représentant spécial du secrétaire général de l'ONU au Kosovo. Il dirigeait les missions internationales de Médecins du monde, avant de retrouver Bernard Kouchner au Quai d'Orsay comme « conseiller spécial pour les crises et les conflits ». L'été 2007, Eric Chevallier devient en fait le « Monsieur Darfour » du ministère français, voire de l'Europe qu'il sillonne au cours de « dizaines et de dizaines de voyages » pour battre le rappel des troupes pour l'EUFOR Tchad-RCA. « De prime abord, l'Union européenne et ses pays membres étaient interrogatifs sinon soupçonneux, explique-t-il. Ils voulaient s'engager tout au plus pour quatre à six mois. Je leur ai dit : "Mais si vous craignez de vous faire instrumentaliser, raison de plus pour vous engager. Plus vous êtes dedans, mieux vous contrôlerez l'EUFOR". » Ni la Grande-Bretagne, ni l'Allemagne n'ont mordu à l'hameçon. A l'arrivée, une sarabande de nations européennes – de la Slovénie à la Suède en passant par la Finlande, l'Irlande, les Pays-Bas, la Belgique, l'Autriche, l'Espagne, l'Italie, la Grèce, la Pologne et la Roumanie – ont accepté d'envoyer plus de deux militaires, le tout s'additionnant péniblement pour près de 40 pour cent des effectifs de l'EUFOR. « On fait découvrir la lune coloniale à une bonne partie de l'Europe, le tout à nos frais, bisque un colonel français, ajoutant : Je sais bien que les militaires ne sont que le bras armé des politiques – mais là, franchement, on a été écrasés du début à la fin. »

EUFOR ne rime pas davantage avec euphorie au niveau européen. Une rafale de télex diplomatiques (TD) en provenance de Bruxelles l'atteste. Le TD du 13 juin 2007, envoyé à 11 h 38, fait état de « fortes réticences de la présidence allemande vis-à-vis du document d'options et de notre initiative ». Dans ce climat hostile, le président du Comité militaire de l'Union européenne, le général Henri Bentegeat, bien qu'ancien chef d'état-major général de l'armée française, admet que « la création de corridors terrestres ou aériens ne serait pas avisée [...]. Par ailleurs, l'instauration d'une zone d'exclusion aérienne était irréaliste ». Les oreilles de Bernard Kouchner ont dû siffler. « Concernant d'éventuelles actions dans les régions limitrophes du Darfour, le général Bentégeat a évoqué la sécurisation des camps de réfugiés et de personnes déplacées. Il en a précisé les conditions préalables : accord incontestable des parties, mandat clair, qui devrait éviter qu'une opération de sécurisation des camps soit exposée aux interférences des combats de part et d'autre de la frontière, et stratégie de sortie garantissant qu'une opération des Nations unies prenne la relève dans un délai de quatre à cinq mois. » On connaît le résultat des courses. Quant aux autorités allemandes, elles ont mis le fer dans la plaie. « Pour l'Allemagne, le centre du problème politique du Darfour se situe au Soudan, et non au Tchad ou en RCA. Aussi l'Allemagne souhaite-t-elle, en tant que présidence, faire porter l'attention sur le Soudan. Par ailleurs, si le Tchad et la RCA acceptaient une opération de l'UE, il faudrait que l'UE fasse une évaluation complète des risques et examine l'impact de son projet d'opération sur les dynamiques internes des deux pays. » En clair : Berlin voudrait savoir si Paris ne fait pas voler l'Europe au secours de deux régimes africains « amis » qui risquent le dépôt de bilan. Le tout à un prix que les partenaires de la France ne sont pas prêts à payer. Un TD du 20 septembre déplore « un coût financier lourd pour la France (250 à 320 millions [d'euros], selon le niveau final des effectifs) ». Vu d'aujourd'hui, cela aurait été « cadeau ». Le même télex juge de nouvelles démarches pour obtenir des contributions supplémentaires d'autres capitales européennes « sans garantie de résultat tant le montant de l'opération est jugé hors normes par un grand nombre de délégations ». C'était bien vu. Le 25 septembre, un TD conclut en effet sobrement : « Aucun soutien n'a été donné à notre demande de prise en charge en commun des coûts au-delà des 100 millions [d'euros]. »

La suite est connue. La résolution 1778 du Conseil de sécurité de l'ONU a légitimé l'EUFOR, une « présence multidimensionnelle destinée à aider à créer les conditions favorables au retour volontaire, sécurisé et durable des réfugiés et des personnes déplacées, y compris en contribuant à la protection des réfugiés, des personnes déplacées et des populations civiles en danger ». Ce généreux vœu pieu a été vite rattrapé par la réalité. Le 28 janvier 2008, soit quarante-huit heures seulement après le lancement officiel de l'opération pacificatrice européenne, *Epervier* a repéré une colonne rebelle d'environ 300 véhicules qui, venue du Darfour, fondait sur N'Djamena. « On a eu raison de ne pas communiquer sur le début de notre mission pour annoncer en fanfare qu'on allait enfin sauver les victimes du Darfour dans l'est du Tchad, se félicite *a posteriori* un proche collaborateur du général Patrick Nash, le commandant en chef irlandais de l'EUFOR Tchad-RCA. Quelques jours plus tard, on aurait eu la gueule enfarinée. Remarquez, on s'en doutait un peu. On n'a jamais fait confiance aux Français, on savait que le sol allait se dérober sous nos pieds. » Retour, donc, à la « France-France » au Tchad.

Le samedi matin 2 février, avant que Carla Bruni ne dise « oui » à Nicolas Sarkozy, au premier étage de l'Elysée, devant le maire du 8e arrondissement de Paris et en présence de quatre témoins, Idriss Déby, assailli dans son palais par les forces rebelles, a dit « non » au président français, qui lui a proposé – trois fois – de le faire évacuer par le COS (Commandement des opérations spéciales). N'ont donc été évacués par l'armée française que 1 400 expatriés (dont, soit dit en passant, seulement 42 pour cent de Français). En tenant l'aéroport, *Epervier* a permis au président tchadien de jeter dans la bataille ses hélicoptères pilotés par des « contractuels » et de recevoir des munitions obligeamment envoyées par le colonel Kadhafi. A peine l'étau desserré autour de sa présidence, Idriss Déby a fait arrêter par sa garde les leaders de l'opposition légale dont le chef de file, Ibni Oumar Mahamat Saleh, porte-parole de la Coordination pour la défense de la Constitution, n'allait plus réapparaître. Tout en réitérant sa « vive inquiétude » sur tous les tons, Paris ne s'en est pas formalisé. Il faut dire que le général-président Déby a été moins diplomatique dans son expression que le Quai d'Orsay. Le

5 février, quand Bernard Kouchner lui a demandé de veiller à ce qu'il n'arrive pas de malheur aux opposants « disparus », il a répliqué, selon des propos rapportés huit jours plus tard par *Le Monde* : « Ne m'emmerdez pas, je fais la guerre ! »

Toujours dans les colonnes du *Monde,* dans une tribune libre intitulée « Obscénité franco-tchadienne », le chercheur Jean-François Bayart reproche aux autorités françaises, le 12 février 2008, « le sauvetage militaire d'un pouvoir prédateur et meurtrier au prix de l'annihilation de son opposition légale ». La polémique sur l'implication exacte de l'armée française dans la « bataille de N'Djamena » fait rage. Cependant, « tout bien pesé », Nicolas Sarkozy décide de maintenir sa visite au Tchad, le 26 février, en route pour l'Afrique du Sud. Le président français se fait accompagner à N'Djamena par le Commissaire européen à la Coopération, Louis Michel, et par le secrétaire général de l'Organisation internationale de la francophonie, Abdou Diouf. Dans la capitale tchadienne, il s'entretient en tête à tête avec Idriss Déby, pendant que Carla Sarkozy rencontre, à la résidence de l'ambassade de France, l'épouse de l'opposant « disparu », Ibni Oumar Mahamat Saleh. Le soir, le couple présidentiel dîne dans un hangar de l'aéroport, sur la base française, avec une centaine de soldats du 21e régiment parachutiste d'infanterie de marine, une unité issue de l'ancienne « coloniale ». La devise de la compagnie de combats Panthères du 21 RPIMa surplombe la table d'honneur : *Bien faire et laisser braire.* En fin de soirée, malgré les incitations, la première dame de France n'entonne pas vraiment les comptines du régiment telles que *La Madelon* ou *Loin de chez nous,* dont le refrain est « loin de chez nous en Afrique, combattait le bataillon pour refaire à la patrie sa splendeur, sa gloire et son renom ». Le lendemain, devant le parlement sud-africain au Cap, Nicolas Sarkozy « propose que la présence militaire française en Afrique serve en priorité à aider l'Afrique à bâtir, comme elle en a l'ambition, son propre dispositif de sécurité collective. L'Union africaine souhaite disposer de forces en attente à l'horizon 2010 – 2012 ? Eh bien, que cet objectif soit aussi celui de la France ! La France n'a pas vocation à maintenir indéfiniment des forces armées en Afrique, l'Afrique doit prendre en charge ses problèmes de sécurité ».

La contradiction semble totale. Mais qu'ont en commun le sauvetage du régime Déby et l'épopée militaro-humanitaire européenne dans l'est du Tchad ? La réponse : ils sont tous deux chèrement payés. Alors, pourquoi Nicolas Sarkozy en accepte-t-il le prix ? Idriss Déby n'est pas un « ami » irremplaçable à la tête d'un pays dont la seule richesse, son pétrole, est exploitée depuis 2003 par un consortium dirigé par une compagnie américaine, *Exxon-Mobil,* sans participation française. De même, au niveau européen et sur le plan budgétaire, l'EUFOR est bien trop coûteuse pour ne servir qu'à faire plaisir à Bernard Kouchner et pour transformer « l'ouverture » aux dépens du PS. Pourquoi, donc, Nicolas Sarkozy a-t-il sauvé, *in extremis,* le soldat Déby ? Et pourquoi a-t-il entraîné l'Europe dans l'est du Tchad ?

Le but est de créer les conditions dans lesquelles la France peut définitivement retirer ses troupes, à la fois du Tchad et de la Centrafrique. Ce qui n'aurait pas été possible au lendemain d'une victoire rebelle à N'Djamena, avec des factions rivales instrumentalisées par Khartoum qui se disputaient déjà le pouvoir avant même d'avoir délogé Idriss Déby de la présidence. Mais le retrait en bon ordre des forces françaises du Tchad n'est pas non plus pensable tant que le régime Déby ne tient qu'à un fil, au risque d'une mise en accusation de la France pour les troubles sanglants qui accompagneraient son effondrement. Il en va de même pour la Centrafrique, où la France est revenue militairement, d'abord, pour mettre en selle le pouvoir du général Bozizé en mars 2003, puis intervenue – par deux fois – pour protéger le régime en place d'une avancée rebelle depuis le nord-est, limitrophe du Darfour. L'ouest du Soudan, cette « terre de massacres » qui pèse sur la conscience universelle, a eu bon dos, tant au Tchad qu'en RCA, pour dédouaner des dictatures claniques à bout de souffle. Seulement, la France de Nicolas Sarkozy n'est plus prête à « remonter toute seule des tas de sable qui s'écroulent toujours », selon l'expression d'un général français. A l'Elysée, on résume, et assume, la stratégie française en quelques phrases qui tombent comme un couperet : « Le Tchad est le plus grand échec de la politique africaine de la France. Cet Etat existe seulement par ses frontières, ce n'est qu'une expression géographique. Nous y sommes prisonniers, on ne peut pas partir comme des lapins. Donc, il faut créer les conditions pour notre départ, il faut relancer le dialogue politique et rebâtir l'Etat tchadien à partir des élections législatives de 2009. Notre leitmotiv doit être :

“reconstruire pour partir”. Quitte à profiter d’une simple embellie pour prendre la porte de sortie. »

L’Europe a donc été priée – et avec quelle insistance ! – de tenir la porte aux Français pour qu’ils puissent partir sans problème. C’est là le sens de cette *bridging operation* – bien plus politique qu’humanitaire – dans l’est du Tchad et dans le nord-est de la Centrafrique : l’EUFOR vient pour un an, le temps pour la communauté internationale, à qui on force un peu la main, de préparer la relève par une opération de paix des Nations unies. Dans l’entourage de Bernard Kouchner, on n’ignore rien de ces arrière-pensées. Eric Chevallier décrit ainsi la « motivation profonde » de son ministre : « Il veut ouvrir le tête-à-tête franco-tchadien à la communauté internationale. On savait que, pour l’emporter [pour le déploiement de la force européenne], on avait besoin du soutien de ceux qui, en France, cherchent à instrumentaliser l’EUFOR pour exfiltrer les forces françaises du Tchad et de la RCA. » A moins que cela ne soit l’inverse : l’Elysée a laissé vibrionner son électron libre humanitaire pour attirer l’Europe et la communauté internationale, sous prétexte de bons sentiments. En fait, il s’agit pour la France de sortir du « piège postcolonial ». Comme on verra, Nicolas Sarkozy cherche en effet à plier les gaules partout en Afrique, où la présence militaire française n’entraîne désormais que des charges et plus des rentes. Voilà pourquoi il a sauté sur le Darfour – c’était moins une bonne cause qu’une bonne occasion.

3

Sarko, le justicier

Le 23 mai 2008, à 9 heures du matin. A Luanda, la capitale angolaise, le soleil embrase déjà le palais présidentiel, rose bonbon, qui domine la baie. A l'horizon, des plates-formes pétrolières découpent le ciel. A l'ombre de grands arbres, José Eduardo dos Santos attend son hôte d'un jour, Nicolas Sarkozy, qu'il n'est pas allé chercher à l'aéroport, pas plus qu'il ne le raccompagnera tout à l'heure. Le président angolais est en froid avec la France depuis le 1er décembre 2000. Ce jour-là, l'homme d'affaires français Pierre Falcone a été mis en examen et écroué à Paris pour « commerce d'armes illicite, fraude fiscale, abus de biens sociaux et trafic d'influence ». En 1993 et 1994, il a vendu pour 790 millions de dollars de matériels militaires à l'Angola. « Sans autorisation », selon le ministre français de la Défense de l'époque, le socialiste Alain Richard, qui a porté plainte le 25 janvier 2001. Ce fut le début d'une crise politique ouverte avec l'Angola.

« Zedu », c'est le surnom du chef de l'Etat angolais, estime que Pierre Falcone a sauvé son régime menacé, au début des années 1990, par la rébellion de l'Unita, le mouvement de Jonas Savimbi. Il considère l'homme d'affaires français comme son « mandataire » qui a acheté légalement des armes en Biélorussie même si le donneur d'ordres, sa propre société ZTS-Osos, était domiciliée en France. Le juge Philippe Courroye, qui instruit ce dossier, a également mis en examen une dizaine d'autres personnalités françaises : le fils de l'ancien président et, un temps, conseiller Afrique de son père à l'Elysée, Jean-Christophe Mitterrand, le sherpa de François Mitterrand, Jacques Attali, l'ancien préfet proche de Charles Pasqua, Jean-Charles Marchiani, un militant anti-apartheid du PS, Jean-Bernard Curial, l'écrivain Paul-Loup Sulitzer… Elles sont soupçonnées de trafic d'influence pour avoir été rémunérées par Pierre Falcone afin de plaider sa cause dans les cercles du pouvoir à Paris. Avant cette brouille, « Zedu » passait ses vacances d'été au Cap-d'Antibes ou à Mougins. Depuis, il se rend en villégiature au Brésil.

Dès son arrivée à l'Elysée, Nicolas Sarkozy s'est saisi des dossiers judiciaires très sensibles entre la France et l'Afrique. L'Angola avec l'affaire Falcone, Djibouti avec l'affaire Borrel, la Côte-d'Ivoire avec la disparition du journaliste Guy-André Kieffer, le Congo avec l'affaire des « disparus du *Beach* », le Gabon avec le dossier des biens immobiliers « mal acquis » de plusieurs présidents africains en France, le Rwanda avec l'enquête du juge Bruguière sur l'attentat contre l'ex-président Habyarimana qui a valu des mandats d'arrêt internationaux à neuf proches du général-président Kagamé… La politique africaine a connecté durablement le Quai d'Orsay au Palais de justice. A tel point que le nouveau conseiller Afrique de l'Elysée, Bruno Joubert, a expliqué, le 28 mai 2008, devant le Conseil français des investisseurs en Afrique (CIAN), que la première mission que lui avait confiée Nicolas Sarkozy était « l'extinction des contentieux d'origine judiciaire entre la France et l'Afrique ». Pour cela, Nicolas Sarkozy s'est entouré d'une équipe à toute épreuve, soudée du temps qu'il était ministre du gouvernement Balladur. Conseiller à la justice à Matignon de 1993 à 1995, Patrick Ouart, aujourd'hui chargé des affaires judiciaires à l'Elysée, est l'ancien secrétaire général de Suez pour les questions d'éthique et de *corporate gouvernance*. Il a par la suite conseillé Bernard Arnault, le patron de LVMH. A la même période Balladur, la magistrate Maryvonne Caillibotte, désormais au cabinet du Premier ministre Fillon, était conseillère technique de Pierre Méhaignerie, garde des Sceaux.

En amont de la visite que Nicolas Sarkozy lui rend à Luanda, le président angolais a réclamé des garanties sur le procès à venir en France. Début juillet 2007, une mission du patronat français (MEDEF) avait fait les frais de la tension franco-angolaise. Celle-ci avait été exacerbée par l'interdiction de vol dans le ciel européen, le jour de l'arrivée des patrons, de la TAAG, la compagnie d'aviation nationale angolaise. La décision de « blacklister » la TAAG aurait été prise à la suite d'un contrôle de la direction générale de l'aviation civile française. Fureur des Angolais, qui bloquent à l'aéroport l'un des visiteurs du MEDEF, retenu pendant une journée en raison d'un passeport périmé de quelques jours. L'ambassade d'Angola à Paris avait délivré le visa et certifié qu'il n'y aurait « aucun problème ». A peine leurs valises posées dans leur chambre à l'hôtel Tropico, la vingtaine de patrons français apprennent ensuite que leur mission vient d'être « démantelée ». Plus aucun ministre angolais n'est disponible pour eux. A l'Elysée, on comprend le message et on prépare, au plus vite, une rencontre au plus haut niveau pour crever l'abcès.

L'entrevue entre Nicolas Sarkozy et Eduardo dos Santos a lieu, en septembre 2007, aux Nations unies. Elle est brève mais fructueuse pour le président angolais, qui obtient la levée de deux mandats d'arrêt internationaux contre Pierre Falcone. Cette décision ouvre la voie à la visite à Luanda, les 14 et 15 novembre 2007, du secrétaire d'Etat à la Coopération, Jean-Marie Bockel, accompagné de Bruno Joubert. Mais ce voyage n'arrive pas à réchauffer l'atmosphère. Eduardo dos Santos exige toujours l'annulation de toutes les procédures de l'*Angolagate*. La diplomatie parallèle prend alors le relais. « Zedu » envoie à Paris deux de ses proches, d'abord Manuel Vicente, le puissant patron de la Sonangol, la compagnie pétrolière nationale, puis, l'ambassadeur itinérant Elisio de Figueiredo, un homme de confiance du président et ex-ambassadeur à Paris. Figueiredo est d'ailleurs toujours accrédité au Quai d'Orsay, en sus du nouvel ambassadeur, Victor Lima, et des diplomates de l'Unesco, dont Pierre Falcone lui-même, nommé par dos Santos pour lui conférer l'immunité diplomatique. Mais les faits reprochés à l'intéressé par la justice française sont antérieurs à cette nomination.

Les émissaires angolais sont accompagnés par Robert Bourgi chez le secrétaire général de l'Elysée, Claude Guéant. Leur demande se fait plus précise. Le président angolais veut que Paris lève la plainte pour « infraction à la législation sur les armes » déposée par l'ancien ministre Richard. Sollicitée sous la présidence Chirac, la ministre de la Défense, Michèle Alliot-Marie, s'y était refusée. Mais à l'automne 2007, au palais rose de Luanda, « Zedu » guette le facteur. Nicolas Sarkozy a promis à ses émissaires qu'il allait lever la plainte pour trafic d'armes. Pour marquer l'importance personnelle qu'il accorde à ce dossier, le président français avait déjà envoyé Claude Guéant à Luanda, le 27 novembre. Le secrétaire général de l'Elysée avait déjeuné avec « Zedu » et les deux personnalités les plus influentes dans son entourage : le général Helder Vieira Dias, dit « Kopelipa », chef de la Maison militaire et chargé de tous les projets du Bureau de la reconstruction, et Manuel Vicente, le patron de la Sonangol. « Kopelipa » était ensuite venu deux fois à Paris, le 7 janvier 2008, puis la semaine précédant la visite de Nicolas Sarkozy.

A Luanda, le chef de l'Etat français vient donc en pompier volant, pour sceller la réconciliation. En un temps record : dix-sept heures de vol pour cinq heures sur place. Mais quand Nicolas Sarkozy sort de sa limousine à l'entrée du palais, le président dos Santos n'est pas souriant. Il sait déjà que son homologue n'a pas dans sa poche la lettre promise, celle qui dédouanerait Pierre Falcone. Pour détendre l'atmosphère, le président français, très tactile, lui pose une main amicale sur l'épaule en marchant vers l'estrade pour la cérémonie des hymnes nationaux. Sans répondre à ce geste, José Eduardo dos Santos avance comme un automate. A la revue des troupes suit une rapide présentation des délégations. Celle de Nicolas Sarkozy est réduite. Elle ne compte que deux secrétaires d'Etat – Anne-Marie Idrac, pour le Commerce extérieur, et Alain Joyandet, pour la Coopération – et quelques conseillers. Mais, dans le décor, s'ajoute une éminence grise, Me Robert Bourgi. Celui-ci a fait le voyage – à part – dans un Falcon-900 et a été accueilli à son arrivée par une voiture de l'ambassade de France.

Une poignée de chefs d'entreprise français ont été invités par Nicolas Sarkozy. Rouge, sa grosse moustache frisant sous la chaleur moite, Christophe de Margerie, le patron de Total, s'essuie le front. L'Angola, qui vient de détrôner le Nigeria comme premier producteur d'Afrique subsaharienne, est pour sa compagnie l'une des principales éponges d'or noir dans le monde. Total entend devenir le premier producteur du pays « d'ici deux, trois ans », précise-t-il aux journalistes. Le patron de CMA-CGM, Jacques Saadé, qui a des ambitions sur le port, a envoyé son fils, Rodolphe Saadé, et Vincent Bolloré son « Monsieur Afrique », Michel Roussin, qui a déjà baroudé dans ce pays en tant qu'officier des services secrets français. Le brasseur Pierre Castel est aussi du voyage ainsi que Pierre Moynot de Thalès International, Jean-Philippe Gouyet d'EADS – autre ancien de la DGSE – qui cherche à vendre des hélicos et Jean-Cyril Spinetta, le P-DG d'Air France dont les pétroliers du golfe de Guinée assurent les meilleures marges bénéficiaires. « La France n'a pas vocation à n'être présente que dans les pays où il n'y a rien », explique, à Luanda, un haut responsable français lors d'un briefing *off.* Cependant, pour pouvoir passer à la signature de contrats, encore faut-il, au préalable, déminer l'affaire Falcone.

Dans une interview publiée, le jour de son arrivée, dans le très officiel *Jornal de Angola*, Nicolas Sarkozy s'emploie, avec pédagogie, à découpler les relations entre les Etats et les affaires judiciaires censément privées. « Cette affaire concerne un citoyen français poursuivi par la justice française pour ne pas avoir respecté des dispositions légales françaises. Ce procès devrait intervenir dans les prochains mois. Ce qui est important pour la France et l'Angola, c'est de regarder ensemble leur avenir commun. » Mais, lors d'un aparté avec les journalistes français, il nuance le propos, disant comprendre la position du président dos Santos qui « a eu besoin d'acheter des armes pour défendre son pays et ne veut pas être traité comme un trafiquant d'armes ». Un discours à double versant : à usage interne, pour les magistrats et le droit, et à usage externe, pour l'avenir du business français en Angola. Mais, malgré les dix-sept heures de vol pour venir le voir, « Zedu » n'y voit que duplicité.

L'épilogue de tractations franco-angolaises au plus haut niveau est révélé par *Le Point*, à la mi-juillet 2008. Le ministre de la Défense, Hervé Morin, a adressé, le 11 juillet 2008, une lettre à Pierre-François Veil, l'avocat de Pierre Falcone. Il y exprime son désaccord avec la qualification de « trafic d'armes » dans la plainte déposée par Alain Richard. « Il résulte de l'examen du dossier de mon ministère, à la lumière de vos observations, qu'en l'absence de transit par le territoire français, la législation relative aux opérations de ventes d'armes et de munitions ne s'appliquait pas, aux dates retenues par le dossier de l'instruction, à l'activité exercée par M. Pierre Falcone. » Une opération à trois bandes, le Parquet étant pris à témoin. L'Elysée l'a concoctée pour donner un début de satisfaction au président angolais sans mettre les pieds dans le plat judiciaire. Mais la marge de manœuvre est ténue, comme le reconnaît Claude Guéant : « Les Angolais auraient bien voulu un geste un peu plus tôt dans cette affaire. Mais il fallait une lettre conforme à notre droit. L'implication du président dos Santos dans cette affaire était forte. Les armes ont été achetées par l'Angola. Et le chef de l'Etat angolais dit que c'est ce qui a sauvé un régime légitime. » Le procès de l'*Angolagate*, qui doit se tenir du 6 octobre 2008 au 5 mars 2009, va-t-il prendre la couleur rose pastel du palais de Luanda ? « Zedu » va-t-il se contenter d'un geste politique et revenir sur la Côte d'Azur ? Et Total pourra-t-il continuer à cultiver ses magnifiques champs pétroliers aux jolis noms – portugais – de fleurs : Rosa, Dalia, Parzflor, Cravo, Liro, Orchidea, Violeta ? Tout dépendra du juge Jean-Baptiste Parlos, président de la 11e chambre correctionnelle du tribunal de Paris, qui sera – ou ne sera pas – sensible à la carte postale estivale glissée dans le dossier angolais.

La raison d'Etat, omniprésente dans l'*Angolagate*, le même juge, Jean-Baptiste Parlos, l'a déjà rencontrée dans un autre dossier africain : l'affaire Borrel à Djibouti. Le 19 octobre 1995, le cadavre à demi carbonisé du juge français Bernard Borrel est découvert à 80 kilomètres de Djbouti-Ville. Conseiller du ministre djiboutien de la Justice, le magistrat français se serait immolé par le feu. C'est la thèse du premier examen médico-légal et du premier rapport des juges Marie-Paule Morrachini et Roger Le Loire, qui concluent au suicide. A la demande de la veuve, Elisabeth Borrel, qui est également magistrate, une nouvelle information judiciaire est ouverte en 1996. Elisabeth Borrel est persuadée que son mari a été assassiné et se porte partie civile en mars 1997. En mai 1999, Ismaël Omar Guelleh, dit « IOG », déjà l'homme fort du régime sous la présidence d'Hassan Gouled Aptidon, accède à la magistrature suprême.

Au mois de janvier 2000, soit près de cinq ans après la mort du juge, un témoin désigne l'actuel président djiboutien comme le commanditaire du meurtre. Mohamed Saleh Alhoumekani, un ancien officier de la garde présidentielle exilé en Belgique, affirme avoir entendu, l'après-midi de la mort de Bernard Borrel, cinq hommes déclarer à « IOG », alors directeur du cabinet présidentiel, que « le juge fouineur est mort » et « qu'il n'y a pas de trace ». Il est entendu par la juge Marie-Paule Morrachini qu'il accusera ensuite, dans les journaux, d'avoir exercé des pressions pour obtenir sa rétractation. A la suite de plusieurs interventions des avocats d'Elisabeth Borrel auprès du garde des Sceaux, les juges Le Loire et Morrachini sont dessaisis, en juin 2000, par un arrêt de la chambre d'accusation. Le juge Jean-Baptiste

Parlos reprend l'affaire et ordonne de nouvelles expertises médico-légales. La deuxième exhumation conclut à un suicide « peu plausible ». Le juge Borrel aurait été frappé à mort avant d'être brûlé. Promu à la Cour de cassation, Jean-Baptiste Parlos passe le relais à la juge Sophie Clément qui, à son tour, reprend l'enquête de zéro.

Pendant ce temps, à Djibouti, avec quelque 2 800 soldats la plus importante base française dans le monde, le président Ismaël Omar Guelleh ne décolère pas. Mis en cause dans l'affaire Borrel, il fait savoir qu'il pourrait bien se passer de Paris maintenant que l'armée américaine est installée chez lui, depuis 2002, dans l'ancienne base de la Légion française près de l'aéroport. A Djibouti, les campagnes de presse et les manifestations antifrançaises « spontanées » deviennent quotidiennes. Le président refuse de recevoir l'ambassadeur de France, il interdit le débarquement de chars Leclerc alors que les autorisations avaient été préalablement données et, surtout, il exige des Français qu'ils s'acquittent d'un loyer pour leur base, à l'égal des Américains. Ceux-ci versent à l'Etat djiboutien 30 millions de dollars par an. Paris finit par accepter un loyer de 30 millions d'euros, à partir de 2004 et durant neuf ans. « Vous savez, il a fallu batailler dur pour obtenir les 30 millions d'euros des Français. Jusqu'en 2003, ils ne payaient pas un sou ! C'est incroyable », déclare, le 9 février 2008, « IOG » dans un entretien accordé à *Jeune Afrique*, sous le titre : « Djibouti n'a plus besoin de la France ». Le président djiboutien y omet de rappeler que, avant la venue des Américains, la base militaire française faisait partie d'un accord global garantissant la survie de l'ex-Territoire des Afars et des Issas dans une Corne de l'Afrique où les projets de voisins désireux d'annexer ce mini-Etat stratégiquement placé ne manquent pas.

Très sensible aux intérêts des militaires français en Afrique (dont, soit dit en passant, la solde est augmentée de 50 pour cent quand ils séjournent à Djibouti – le meilleur coefficient de toutes les opérations extérieures), Jacques Chirac cherchait à calmer l'ire d'« IOG ». Il est même allé jusqu'à conseiller au président djiboutien de saisir la Cour de La Haye pour avoir accès au dossier de l'affaire Borrel que lui refusait la juge Sophie Clément. « Vous n'avez qu'à aller attaquer l'Etat français devant la Cour de La Haye, elle est faite pour ça. Moi je suis impuissant », a-t-il dit à Ismaël Guelleh. La Cour rendra son jugement, le 4 juin 2008, mais Djibouti n'obtiendra pas gain de cause : quoique coupable de violation d'entraide judiciaire, la France n'est pas obligée de communiquer le dossier Borrel.

Contrairement à Jacques Chirac, Nicolas Sarkozy ouvre sa porte à la veuve de Bernard Borrel. Dès le 20 juin 2007, il la reçoit à l'Elysée. Auteur d'un livre, *Un juge assassiné*, paru chez Flammarion en 2006, Elisabeth Borrel ressort de la présidence rassérénée : « Je voudrais remercier Nicolas Sarkozy car c'est le seul qui m'ait reçue depuis douze ans. Je n'ai jamais été reçue par qui que ce soit, aucun ministre, aucun garde des Sceaux auparavant, dans une affaire qui concerne pourtant l'assassinat d'un magistrat. C'est vrai qu'il m'a un peu, sur ce plan-là, réconciliée avec mon pays.

Il m'a dit qu'il comprenait mon combat pour la vérité et qu'il n'y aura plus les obstructions qu'on a connues. » Mieux, dans la foulée et sur instruction personnelle du chef de l'Etat, le procureur de la République, Jean-Claude Marin, publie un communiqué dans lequel il accrédite l'origine criminelle de la mort du juge : « Si la thèse du suicide a pu un temps être privilégiée, les éléments recueillis notamment depuis 2002 militent en faveur d'un acte criminel, précise-t-il. Les expertises anthropologiques, médico-légales et de police scientifique concluent à l'existence de lésions osseuses sur le crâne et sur l'avant-bras gauche, faites à l'aide d'un objet contondant, et à la découverte de deux produits inflammables de nature distincte versés sur le corps », soulignant que la victime était couchée lorsque les liquides ont été déversés sur elle.

Sa compassion à l'égard d'Elisabeth Borrel n'empêche pas Nicolas Sarkozy de donner, parallèlement, des gages au président Guelleh. Le président français a besoin d'« IOG » : il veut faire de Djibouti la base arrière d'une implantation de l'armée française à Abou Dhabi. Nicolas Sarkozy reçoit son homologue à Paris, en décembre 2007. Ce voyage officiel passe inaperçu dans les médias, aussi en raison de la présence simultanée dans la capitale française du colonel Kadhafi. Mais si le gouvernement communique peu à ce sujet, il reçoit le président djiboutien avec toutes les marques d'attention : le 11 décembre, dîner avec le ministre de la Défense ; le 12, café-viennoiseries avec le patron français (MEDEF), le matin, puis rencontre avec le secrétaire d'Etat chargé de la Coopération, Jean-Marie Bockel, et dîner au Quai d'Orsay avec le ministre des Affaires étrangères, Bernard Kouchner. Sur le perron de l'Elysée, Nicolas Sarkozy embrasse Ismaël Omar Guelleh comme du bon pain. Rassuré, le président djiboutien s'engage dans une contre-offensive médiatique et judiciaire. Il explique que la mort de Bernard Borrel est liée à une enquête sur un réseau français pédophile actif à Djibouti dans les années 1990. Une thèse qui est également défendue dans le livre, très documenté, d'un ancien journaliste de *Paris Match*, Chris Laffaille, *Aux Portes de l'enfer : l'inavouable vérité de l'affaire Borrel*, paru en janvier 2008 aux éditions Scali. Le 4 juillet 2008, Djibouti lance des mandats internationaux contre cinq ressortissants français accusés de pédophilie, dont l'un était un proche du couple Borrel.

En juin 2008, une occasion en or s'offre à Nicolas Sarkozy pour prouver au président djiboutien qu'il peut compter sur la France. Djibouti est menacé par l'un de ses voisins, l'Erythrée. Paris assure alors une logistique sans faille à l'armée djiboutienne qui est envoyée sur la frontière commune. Un *timing* inespéré au moment où l'ambassadeur François Ponge effectue une tournée pour la renégociation des accords de défense de la France avec les pays africains, dont Djibouti. Le 24 juin 2008, Jean-Marie Bockel, désormais secrétaire d'Etat à la Défense et aux Anciens Combattants, lui succède à Djibouti, porteur d'un message du président français. « Je suis venu d'abord apporter au chef de l'Etat djiboutien une lettre personnelle du président Nicolas Sarkozy pour lui marquer à la fois l'amitié de la France mais aussi notre solidarité et notre soutien dans le cadre des incidents frontaliers qu'il y a eu au début du mois de juin avec l'Erythrée », déclare-t-il. La Realpolitik a-t-elle repris ses droits ? En réalité, elle ne les avait jamais perdus. Si Nicolas Sarkozy met à la disposition des juges d'instruction les dossiers traités par son prédécesseur, il ne tranche pas pour autant entre « transparence » et raison d'Etat. Sa méthode consiste à laisser coexister l'une et l'autre ou, comme aurait dit Mao, à « marcher sur les deux jambes » : compassion pour les familles des victimes mais, parallèlement, une gestion politique des dossiers grâce à une meilleure maîtrise des procédures par le Parquet.

Le 6 août 2008, la juge Fabienne Pous, qui enquête avec sa collègue Michèle Ganascia depuis deux ans sur l'affaire Borrel, peut ainsi quitter l'Elysée avec le dossier des documents et télégrammes diplomatiques concernant son enquête. Le 2 mai 2007, lors d'une première tentative, les deux magistrates s'étaient heurtées à une fin de non-recevoir quand elles avaient voulu « visiter » le bureau de Michel de Bonnecorse, le conseiller Afrique de Jacques Chirac. Il aura fallu que l'un de leurs collègues leur livre le bon mode d'emploi. Le 22 juillet, soit trois semaines auparavant, le juge Patrick Ramaël avait en effet initié le *modus operandi* pour « récupérer » des dossiers à la présidence. En l'occurrence, il était venu chercher celui de l'affaire Guy-André Kieffer, le journaliste franco-canadien ayant disparu à Abidjan, le 16 avril 2004. Juste après le pousse-café du déjeuner, le juge Ramaël s'est rendu au 2, rue de l'Elysée. Accompagné de sa seule greffière, il a frappé à la porte du nouveau conseiller Afrique de l'Elysée, Bruno Joubert, pour lui réclamer ce dossier. Pris de court, le « Monsieur Afrique » de Nicolas Sarkozy a appelé Patrick Ouart, le conseiller juridique du président. Mais, en l'absence de perquisition, qui reste proscrite à l'Elysée au nom de la séparation des pouvoirs, ce dernier n'a pu empêcher ce qui s'assimilait à une remise volontaire. Un précédent que d'autres juges, comme l'atteste l'initiative de Fabienne Pous, ne manqueront pas d'exploiter.

Ancien journaliste au quotidien *La Tribune*, spécialiste des matières premières, Guy-André Kieffer s'était mis en disponibilité de son journal en 2002 pour participer, en Côte-d'Ivoire, à un audit de la filière café-cacao. Il avait rejoint une équipe de consultants dirigée par Stéphane de Vaucelles, un ancien de HSBC, au sein du cabinet Commodities Corporate Consulting (CCC). Un premier contrat d'environ 3,3 millions d'euros avait été avalisé à la mi-janvier 2002 par le Premier ministre ivoirien de l'époque, Pascal Affi Nguessan, et un acompte de 330 000 euros avait été débloqué. Mais, très vite, CCC s'est trouvé sous le feu croisé d'une guerre de tranchées entre dignitaires du régime. Le contrat de CCC a notamment été remis en question par le ministre de l'Economie et des Finances, Paul-Antoine Bohoun Bouabré. A ce moment, une partie des recettes du cacao ivoirien, de l'ordre de 150 millions d'euros d'après les organismes internationaux, finançait « l'effort de guerre » du président Gbagbo pour mater la rébellion dans le Nord.

Guy-André Kieffer, surnommé « GAK », décide alors de rester à Abidjan mais en reprenant son métier de journaliste, en indépendant… un peu seul.

La plupart des journalistes étrangers étaient en effet partis après l'assassinat, le 21 octobre 2003, de Jean Hélène, le correspondant de Radio France Internationale (RFI). Imprécateur, fouineur, mais pas toujours respectueux des règles de sa profession, Guy-André Kieffer s'est vite mis à dos la plupart des dignitaires du régime et, en particulier, les proches du ministre de l'Economie et des Finances. Le 16 avril 2004, attiré dans un traquenard par Michel Legré, le beau-frère de la première dame du pays, Simone Gbagbo, « GAK » a été enlevé. Depuis, il a disparu.

A Paris, les dirigeants français, qui étaient alors en période de « rabibochage » avec Laurent Gbagbo, se sont bien gardés de joindre l'acte à leurs paroles d'indignation. A l'Elysée et au Quai d'Orsay, les responsables des dossiers africains insistaient surtout sur la double nationalité, française et canadienne, du journaliste quand ils n'orientaient pas sa disparition et son probable assassinat vers une affaire de droit commun entre « gens du cacao ». De son côté, dans son livre *Paroles d'honneur* – publié fin 2006 aux Editions Ramsay avec l'aide de Liliana Lombardo, ex-responsable du RPR en Côte-d'Ivoire –, Simone Gbagbo a rejeté toute responsabilité dans la disparition de Guy-André Kieffer. Elle estime que son mari et elle, mis en cause au sujet des « escadrons de la mort » de la présidence, sont « victimes d'un complot de la *Françafrique* ».

Comme pour l'affaire Borrel, Nicolas Sarkozy a changé radicalement d'attitude dans l'affaire Kieffer. D'abord, une fois de plus, dans la compassion témoignée à la famille. Le 23 août 2007, le président reçoit les proches de Guy-André Kieffer : son épouse, Osange Kieffer, sa fille Canelle Kieffer et son frère, Bernard Kieffer. Il leur dit en substance : « Cette affaire est une priorité pour moi. Je ne normaliserai pas les relations avec la Côte-d'Ivoire tant qu'elle ne sera pas résolue. » Mais deux mois plus tard, au moment où le juge Ramaël doit partir pour Abidjan pour entendre plusieurs témoins, dont des dignitaires du régime, plus un seul policier de la brigade criminelle n'est disponible. Outré par ce qu'il considère une manœuvre d'obstruction, le juge dessaisit la brigade criminelle et fait appel à la section de recherche de la gendarmerie. Mais son instruction est ralentie par les cours de rattrapage dont ont besoin les gendarmes.

La raison d'Etat a derechef repris ses droits, même si la stratégie de Nicolas Sarkozy est sensiblement différente de celle de Jacques Chirac. A la « politique de l'édredon » que menait l'ancien président a succédé une gestion plus subtile des dossiers africains par le Parquet. Un exemple : en 2004, c'est avec des éclats de voix que Dominique de Villepin – alors ministre de l'Intérieur – avait fait sortir de garde à vue le directeur général de la police congolaise, Jean-François Ndenguet, qui devait être entendu dans l'affaire des « disparus du *Beach* » à Brazzaville, des réfugiés rapatriés raflés à l'embarcadère fluvial par la police congolaise. Dans la foulée, Patrick Hubert, le directeur de cabinet du garde des Sceaux, Dominique Perben, avait été limogé. Sous Nicolas Sarkozy, bien plus discrètement, l'Elysée conseille les chefs d'Etat « amis » au sujet de leurs affaires pendantes à Paris. Ce qui n'exclut pas des effets boomerang médiatiques, comme dans l'affaire des biens immobiliers « mal acquis » de dirigeants africains à Paris.

Le 27 mars 2007, plusieurs associations, dont Survie, la Fédération des Congolais de la diaspora et Sherpa, présidée par Me William Bourdon, portent plainte pour « recel de détournement de biens publics » contre cinq présidents africains et leurs proches, propriétaires de biens immobiliers en France. Le 18 juin, le Parquet ouvre une enquête préliminaire et la confie à l'Office central de répression de la délinquance financière. La décision est saluée dans la presse africaine par des commentaires laudateurs sur Nicolas Sarkozy, « l'homme de la rupture » avec la *Françafrique*. Dans le collimateur de la justice se trouve surtout Omar Bongo qui, selon *Le Monde* qui s'est procuré l'enquête de police, disposerait de trente-trois biens, des maisons, des appartements et un hôtel particulier. Le président gabonais fulmine : « *Via* mon avocat, c'est moi-même qui ai donné la liste de mes propriétés en France. Elles appartiennent à toute ma famille, à moi, à mes enfants, à mes petits-enfants. On a tout confondu. Moi, je n'ai pas volé. Donc, pourquoi on me cherche des poux dans la tête ? Il y a tant d'autres, par exemple des émirs arabes, qui ont des biens immobiliers – des immeubles entiers ! – à Paris et à qui on ne dit rien. Pourquoi ? Parce qu'on a peur d'eux. Le seul effet de tout cela, c'est que les présidents africains vont acheter ailleurs, en dehors de la France. »

Dans une lettre de cinq pages adressée à l'ambassadeur de France, Jean-Marc Simon, le président gabonais menace de fermer l'antenne locale de RFI et affirme avoir empêché des manifestations antifrançaises « spontanées » dans les rues de Libreville. Au téléphone, le 27 juin, le président Nicolas Sarkozy tente de calmer le courroux du « doyen » en lui expliquant que lui-même a été victime d'une enquête préliminaire sur l'acquisition de son appartement à Neuilly… Pour banaliser l'affaire africaine, l'Elysée commande une enquête à l'administration fiscale et des domaines pour établir que les émirs du golfe Persique ont plus d'intérêts immobiliers à Paris que les émirs du golfe de Guinée : 45 appartements et 6 propriétés sont ainsi recensés pour la famille régnante d'Arabie saoudite, 28 appartements et 9 propriétés pour celle du Koweït. En comparaison, Omar Bongo et son beau-père, le Congolais Denis Sassou-Nguesso, également visé par la plainte, paraissent presque pauvres. Du moins à Paris. Car la seule rénovation de la présidence à Libreville – le bien nommé Palais de la Rénovation – a coûté, en marbre importé et autre décoration de luxe, près de 380 millions d'euros, soit près de 14 pour cent du budget 2008 de l'Etat gabonais.

La subtile gestion des « affaires » africaines a connu un ratage sur le dossier des biens immobiliers. Pour éteindre le courroux du « doyen » et de son beau-père Sassou Nguesso, qui avait flairé des « relents de néocolonialisme et de racisme » dans les poursuites engagées contre lui, l'Elysée avait expliqué à Omar Bongo que l'ouverture d'une enquête préliminaire par le Parquet ne servait qu'à mieux éteindre l'incendie. Et, en effet, le dossier avait été classé pour « infraction insuffisamment caractérisée », le 15 novembre 2007. Or, en juillet 2008, avec le renfort de *Transparency International*, qui internationalise ainsi le dossier, Sherpa et des citoyens gabonais ont déposé une nouvelle plainte pour « recel de détournements de fonds publics », avec constitution de partie civile. Depuis, Omar Bongo a fait appel à une batterie d'avocats en flèche sur la place parisienne, dont Patrick Maisonneuve. Mais Nicolas Sarkozy devra faire preuve de beaucoup de doigté pour désamorcer la charge. Car, dans l'opinion publique tant française qu'africaine, les rois du pétrole d'Afrique centrale, propriétaires de belles demeures parisiennes alors que la majorité de leurs citoyens doivent (sur-)vivre avec moins d'un dollar par jour, risquent d'être condamnés d'avance. Surtout si l'on faisait le rapprochement entre leurs biens « mal acquis » et les très généreuses remises de dettes au Gabon et au Congo que Nicolas Sarkozy a imposées, l'été 2007, contre l'avis du Trésor.

4

Sarko, P-DG de « l'équipe France »

Totale euphorie, ce 6 octobre 2007, dans la Tour Bolloré qui, depuis Puteaux, domine la Seine et Paris : le groupe de transport et de logistique en Afrique pense avoir décroché la concession du nouveau terminal à conteneurs du port autonome de Dakar. Un projet qui mobilise son état-major depuis des mois. Las, après deux jours de fête se profile un autre thriller : *Sueur froide sur le port.* Les autorités sénégalaises annoncent, le 8 octobre, que le nominé est Dubaï Ports World, le nouveau et puissant concurrent de Bolloré en Afrique. « A l'ouverture des offres financières, le vendredi soir, on était les premiers. Le samedi soir, on recevait les félicitations de la profession. Et le lundi matin on se réveillait avec la gueule de bois, c'est Dubaï qui était finalement retenu », raconte, neuf mois plus tard, les mâchoires encore serrées, Dominique Lafont, directeur général Afrique du groupe.

« Il y a eu de graves irrégularités dans l'appel d'offres. Notre offre financière était supérieure à celle de Dubaï, 590 millions d'euros contre 460 millions. Et deux jours plus tard, on se retrouve en quatrième position, pour le volet technique. Qui y croit ? Nous, techniquement pas qualifiés ? », s'emporte le responsable de Bolloré. Seul critère où Bolloré est battu, le calendrier de réalisation du nouveau projet : 2009 pour Dubaï contre 2011 pour le groupe français. Mais chez Vincent Bolloré, on ne cède sur rien : « 2009 ? C'est une tartufferie. A quoi ça sert de promettre la lune ? »

Installé depuis 1926 au Sénégal, patron de 1 600 employés d'encadrement – presque exclusivement sénégalais – et de 1 500 dockers, l'échec est historique pour le groupe de Vincent Bolloré. L'industriel, ami de Nicolas Sarkozy, avait pourtant activé tous ses réseaux pour remporter ce contrat. D'abord, il n'avait pas été avare de gestes amicaux à l'égard du président sénégalais lui-même. Le 1er avril 2007, Abdoulaye Wade était l'invité de « Direct midi », une émission de la chaîne Direct 8 du groupe Bolloré. Renommé à Dakar pour sa « tchatche » infatigable, Wade fêtait ainsi, sur une télé française, sa réélection à la tête de la République du Sénégal. Pour la cérémonie d'intronisation à Dakar, Bolloré avait aussi mis à disposition son avion pour acheminer des personnalités telles qu'Alain Madelin, ami politique du président sénégalais – et de Bolloré. De la même famille libérale, l'ancien ministre François Léotard ainsi que Pierre Aïm, l'ancien patron de Saga (une entreprise de transport reprise par Bolloré), ont également fait du lobbying en faveur du groupe français.

Mais ces appuis politiques traditionnels n'ont pu empêcher le pied dans la porte des puissants émirs du

Golfe. Bolloré a sans doute trop négligé « Monsieur fils ». Conseiller spécial chargé de tous les grands projets du pays, Karim Wade ambitionne de succéder un jour à son père. Ancien *golden boy* des financiers de Warburg, ce métis mondialisé, décomplexé à l'égard de Paris, joue à fond la carte du sultan Ben Souleymane, le président de Dubaï Ports World qui pèse près de 200 milliards de dollars. Karim Wade est son « guide » dans d'autres pays africains, préparant voyages et entrées dans les palais présidentiels. Vincent Bolloré tente alors de le contourner, au cœur même du golfe Persique. Il fait intervenir directement Arnaud Lagardère auprès de Jean-Paul Gut, directeur général délégué d'EADS et le meilleur vendeur d'Airbus dans les Emirats. Gut a la confiance du cheikh Mohammed bin Rashid Al-Maktoum, président de la compagnie Emirates. Le message : faire comprendre à l'émir de Dubaï Ports World qu'il perd son temps et son argent, Bolloré étant indéboulonnable à Dakar. Un message qui n'atteint même pas les premiers étages des tours de Dubaï. « En retour, affirme un proche du dossier, les émirs ont vite fait comprendre que c'était avec la gestion des ports qu'ils pouvaient acheter des avions. » Personne n'a insisté auprès du premier client de l'A-380.

A Dakar, on reste aussi tendu, front crispé, sur ce dossier. On parle plus volontiers *off the record*, par crainte d'un retour de bâton politique de Paris. La version sénégalaise est la suivante. « Au départ, Bolloré voulait un marché de gré à gré. Il a d'abord proposé un important bonus, puis nous a envoyé des personnalités politiques françaises. Quand Dubaï Ports

World a manifesté son intérêt pour notre port, en juillet 2006, c'était panique à bord à Paris. Les interventions ont redoublé d'intensité. L'Agence française de développement a essayé de prendre le contrôle financier du projet parce qu'elle avait financé pour 4 milliards de francs CFA [6,1 millions d'euros] une route de contournement du port. Les administrateurs français de la Banque mondiale et du FMI sont également montés au créneau pour soutenir Bolloré mais se sont fait contrer par les administrateurs asiatiques. »

Cependant, au-delà de la procédure d'appel d'offres, l'aveu du choix sénégalais finit par arriver, chiffré en milliards de dollars : « Pour nous, Dubaï, c'est un choix stratégique. L'émir s'intéresse au projet minier Mittal au Sénégal, de plus de 2 milliards de dollars, envisage de réaliser une zone franche de 800 millions de dollars, des hôtels pour 200 millions de dollars et l'aménagement d'un front de mer depuis que l'émir a repris au Cap, en Afrique du Sud, la société spécialisée dans ce secteur. Et Dubaï travaille avec le groupe saoudien Ben Laden qui a des ambitions de construction sur l'aéroport de Dakar. » Conclusion sans appel : « A côté, Bolloré est un nain ! » Dernier coup de poignard pour le fameux « relationnel » français en Afrique qui faisait naguère la différence : « On n'a jamais vu Vincent Bolloré à Dakar alors que le sultan est venu nous voir six fois. »

Au moment de la désignation de Dubaï Ports World, les autorités françaises se sont retranchées derrière la « souveraineté respectée » du Sénégal. Mais ces déclarations officielles ressemblaient beaucoup aux dénégations indignées, à la fois de Nicolas

Sarkozy et de Vincent Bolloré, au lendemain de la fameuse escapade du président nouvellement élu à bord du *Paloma*, le yacht de luxe de l'industriel. Tout en reconnaissant qu'il avait intégralement pris en charge les frais de son invité de marque (« l'hospitalité fait partie de nos valeurs »), Vincent Bolloré avait alors expliqué, selon *Le Parisien/Aujourd'hui en France* du 11 mai 2007 : « Ce n'est pas parce qu'on est ami avec quelqu'un qu'il n'y pas d'éthique dans nos rapports. » De son côté, depuis Malte, le chef de l'Etat lui avait publiquement certifié qu'il était « un grand industriel français qui n'a jamais travaillé avec l'Etat et fait honneur à l'économie française ». Or, à défaut de travailler avec l'Etat français, le groupe Bolloré a bien tenté de faire intervenir l'Elysée en sa faveur : après l'échec subi à Dakar, une lettre de quatre pages, accompagnée d'un mot introductif, a été envoyée à la « cellule africaine » de la présidence. Il s'agissait d'un argumentaire détaillé pour contester les « irrégularités » dans l'adjudication de la concession à Dakar. Etaient alors mis en exergue, outre les aspects techniques et financiers du dossier, « l'absence d'ouverture et de lecture publiques des points fondamentaux des offres de chaque candidat, contrairement à l'usage » ainsi que le changement de la commission décisionnaire dont la composition aurait été ramenée, « après l'ouverture des offres », de sept à quatre membres, « lui donnant ainsi une tournure plus politique ». De là à penser que Bolloré cherchait à être, grâce à l'Elysée, à armes égales…

L'attribution du marché à Dubaï Ports World a jeté un froid entre l'Elysée et le palais présidentiel à

Dakar. La présence de Karim Wade au mariage à New York, le 22 mars 2008, de Cécilia ex-Sarkozy et de Richard Attias n'a pas contribué à réchauffer les relations avec le chef de l'Etat français. Paris s'était déjà fait prier pour répondre à une demande en matière sécuritaire pour la tenue du sommet de l'Organisation de la conférence islamique (OCI), les 12 et 13 mars 2008 dans la capitale sénégalaise. Enfin, Abdoulaye Wade a brouillé l'arbitrage en cours sur les bases françaises en Afrique à fermer en déclarant au *Nouvel Observateur*, le 22 mai 2008, qu'un retrait des forces prépositionnées risquait de déstabiliser « certains » pays mais pas le Sénégal « qui a un régime solide, avec une armée fidèle ». Il semblait y avoir un message subliminal.

Pour crever l'abcès, Karim Wade s'est rendu discrètement à l'Elysée, le 17 juin 2008. En présence du secrétaire général, Claude Guéant, il a conté par le menu à Nicolas Sarkozy l'affaire du port de Dakar et les moyens que les émirats étaient prêts à investir dans son pays. Karim Wade a trouvé un président français d'autant plus attentif que celui-ci est lui-même fasciné par les émirats et leur potentiel économique. L'entretien a largement dépassé une heure, ce qui atteste l'intérêt pour ce dossier de Nicolas Sarkozy, lui qui expédie la plupart des chefs d'Etat en une demi-heure. A un moment donné de la conversation, Karim Wade a sorti son joker : un projet de commande d'une centrale nucléaire au Sénégal qui pourrait intéresser un consortium d'entreprises français dont le chef de file serait Areva, avec Bouygues et EDF en sous-traitants. Une carte maîtresse pour le régime Wade qui permettrait de miser, aussi, sur le maintien d'un contingent militaire français à Dakar – avec une mission modifiée et des effectifs réduits. Le 26 août 2008, cette fois accompagné de l'avocat Robert Bourgi, le fils du président sénégalais est revenu à l'Elysée. Karim Wade a alors fait son *coming out* sur ses ambitions politiques d'héritier. Nicolas Sarkozy s'est prêté à la manœuvre en acceptant de se faire photographier dans son bureau avec le « dauphin ». Une photo immédiatement reprise à la une des quotidiens à Dakar. En échange, le fils Wade a précisé le projet de centrale nucléaire – une unité de 5 000 MW à implanter à Matam, près de Dakar – et a poussé très loin le bouchon d'une collaboration pour le moins exceptionnelle. Il a carrément proposé à Nicolas Sarkozy de choisir lui-même les entreprises françaises qui participeraient aux grands travaux dans son pays, avec des financements émiratifs.

Et l'ami « Vincent » ? Rancunier, il compte bien se venger, s'il le faut seul. Il sait jouer au sorcier africain en allant danser dans le village du « chef ». Viré de Dakar, Vincent Bolloré s'est rendu le 3 avril 2008, à Abidjan, en Côte-d'Ivoire, où le président Laurent Gbagbo ne manque plus une occasion pour faire plaisir aux amis de Nicolas Sarkozy. D'autant que le président français est proche, de longue date, de l'ancien Premier ministre Alassane Dramane Ouattara (« ADO »), challenger de Gbagbo à la prochaine présidentielle ivoirienne. Pour l'instant, Nicolas Sarkozy n'a rencontré que deux fois – et brièvement – le président ivoirien : la première fois à New York, à l'automne 2007, en marge de l'assemblée générale des Nations unies ; la seconde, à Lisbonne, en décembre de la même année, en marge du sommet Union européenne-Union africaine. Les deux fois par l'entremise de Me Bourgi.

Laurent Gbagbo, qui était « tricard » à l'Elysée du temps de Jacques Chirac, a toujours été aux petits soins des groupes français. Il l'est aujourd'hui plus que jamais avec ceux qui sont en cour auprès du nouveau président. C'est sa façon à lui de « faire de la politique » avec Paris. Ainsi, malgré l'affrontement franco-ivoirien de novembre 2004, qui a provoqué le départ de plus de 8 000 expatriés de Côte-d'Ivoire, dont de nombreux patrons de PME, les grands groupes comme celui de Bolloré n'ont jamais été touchés. Au contraire. A Abidjan, Bolloré a obtenu, en 2004, la concession de la gestion du port par un marché de gré à gré. Une procédure qui avait déclenché, sur place, une vive polémique. C'est un sujet sensible dans la tour Bolloré. « Ce gré à gré a été signé après deux appels d'offres infructueux, fulmine Dominique Lafont. Il ne faut pas l'oublier ! » Il n'empêche. Les concurrents de Bolloré ont souffert, en particulier Dubaï Ports World, qui n'a jamais réussi à poser un orteil sur le port.

Ce 3 avril 2008, Vincent Bolloré, qui ne s'est donc jamais rendu à Dakar dans le cadre de cette affaire, est venu inaugurer « son » terminal à conteneurs à Abidjan. Il en a profité pour afficher de nouvelles ambitions pour hisser la métropole ivoirienne au rang de premier port d'Afrique de l'Ouest. Pas de meilleure façon de faire la nique à Dakar et à Dubaï… C'est sur un rythme de musique ivoirienne « coupé-décalé » que l'homme d'affaires breton, accompagné de ses « Africains » – Michel

Roussin, vice-président du groupe, et Dominique Lafont –, a débarqué sur les quais. Visiblement enchanté d'accueillir l'ami personnel du président Sarkozy, le chef de l'Etat ivoirien est arrivé, exceptionnellement, à l'heure. Il a élevé Vincent Bolloré au rang de commandeur dans l'Ordre national du mérite ivoirien et a tout fait pour lui être agréable. L'un des critiques les plus virulents de Bolloré en 2004, Patrick Achi, ministre des Infrastructures économiques et, à ce titre, ministre de tutelle du port, a ainsi été prié de ranger son discours. Il a en a été fort marri. Laurent Gbagbo a d'ailleurs tenu à adresser au patron du groupe français, « ainsi qu'à ses plus proches collaborateurs », ses excuses pour les débats « nauséabonds et inutiles » lors de l'attribution de la concession du terminal. Qui osera désormais dire un mot contre ces « plus grands investisseurs de la Côte-d'Ivoire qui sont assurément les amis de notre pays », comme l'a déclaré le président ivoirien ? Dans ce pays, Bolloré gère le port, le chemin de fer (Sitarail) qui rejoint le Burkina Faso voisin, tout un réseau de logistique terrestre et des plantations agro-industrielles. Après trois petites heures passées en terre ivoirienne, et un rafraîchissement sous la tente climatisée installée au port, le jet de « Bollo » a redécollé, droit dans le ciel.

En Côte-d'Ivoire, Laurent Gbagbo a préservé les intérêts d'un autre ami du président Sarkozy : Martin Bouygues. A tel point qu'au palais présidentiel, à Abidjan, le business français en Côte-d'Ivoire est surnommé « B&B ». « En donnant des gages à Bouygues et Bolloré, Gbagbo a fait ce qu'il fallait faire pour accompagner le mouvement général vers une normalisation de ses relations avec la France », reconnaît un diplomate français. Peu importe aux Ivoiriens que Vincent Bolloré soit à Paris le frère ennemi de Martin Bouygues, qui n'a pas apprécié le raid inamical lancé contre son groupe en 1997. A l'époque, Martin Bouygues avait d'ailleurs pour avocat Nicolas Sarkozy. Ami intime de l'actuel chef de l'Etat et témoin de son mariage avec Cécilia, il est aussi le parrain de Louis, le fils du couple. Martin Bouygues et Nicolas Sarkozy sont tous deux des amis fidèles de Dominique Folloroux-Ouattara, épouse de l'ancien Premier ministre Alassane Dramane Ouattara, opposant à Gbagbo. Dans les dernières années de sa vie, l'ex-président Houphouët-Boigny avait confié l'économie du pays à cet ancien gouverneur de la Banque centrale des Etats d'Afrique de l'Ouest (BCEAO). Martin Bouygues avait négocié avec lui sa première concession d'électricité en Côte-d'Ivoire. Il était ensuite devenu un ami du couple Ouattara au point d'avoir été l'un des invités d'honneur à leur mariage, célébré dans la plus stricte intimité, le 24 août 1991, dans la petite mairie du 16ᵉ arrondissement de Paris. Par la suite, « Martin » avait aidé « Dominique » dans ses activités immobilières en France. Au moment de la délicate succession du président Houphouët-Boigny en décembre 1993, Edouard Balladur, son ministre de la Coopération Michel Roussin, et Nicolas Sarkozy, ministre du Budget, soutenaient du fond du cœur Alassane Ouattara qui les avait aidés à dévaluer le franc CFA, sans trop de retours de manivelle. Nicolas Sarkozy ne cache pas qu'il « apprécie » toujours Ouattara. Il le reçoit aussi, plus discrètement, à l'Elysée.

Bien au fait des relations intimes des uns avec les autres, l'historien-président Laurent Gbagbo pratique, d'ailleurs contre l'hostilité de son parti, le Front populaire ivoirien (FPI), une Realpolitik à toute épreuve à l'égard de la famille Bouygues. Qui le lui rend bien. Dans la dernière semaine du mois d'octobre 2007, Martin Bouygues est ainsi venu, en personne, déjeuner avec Laurent Gbagbo à la présidence. Un geste qui n'a pas échappé aux autres protagonistes de la crise ivoirienne. Le mandat du chef de l'Etat devait en effet être prorogé, une nouvelle fois, par la communauté internationale, le 31 octobre 2007, puisqu'il n'y a pas eu d'élections depuis octobre 2000. Cette même semaine, le groupe Bouygues devait renouveler sa concession d'électricité, signé avec Ouattara en 1997 pour une durée de dix ans. Dans la famille Bouygues, si l'intime de Nicolas Sarkozy est Martin, P-DG du groupe, c'est son frère Olivier Bouygues qui s'occupe des affaires ivoiriennes. Sur la lagune Ebrié, les deux frères ont de fortes ambitions dans l'exploitation du gaz. Dans le cadre d'une structure familiale, ils disposent de 24 pour cent du champ gazier Foxtrot qui alimente les centrales gérées… par leur groupe.

Bolloré et Bouygues en Afrique sont deux dossiers classés rouge à l'Elysée. Et quand ce n'est pas directement le président qui intervient, ce sont ses collaborateurs qui savent faire plaisir au « chef » en favorisant ses amis. Après un déjeuner « fort sympathique » au siège du groupe, à l'invitation de Vincent Bolloré, l'ancien secrétaire d'Etat à la Coopération, Jean-Marie Bockel, a convié Dominique Lafont à l'accompagner en Angola, quelques jours plus tard, du 14 au

16 novembre 2007. Dans le marasme de l'*Angolagate*, cette mission visait à normaliser les relations avec le président José Eduardo dos Santos. Jean-Marie Bockel était accompagné du conseiller Afrique de l'Elysée, Bruno Joubert. Comme représentant du secteur privé, il n'y avait que Dominique Lafont. « C'est par l'intermédiaire d'un ami commun du conseiller politique du ministre, Michel Suchod, que j'ai été intégré dans la délégation », précise le « Monsieur Afrique » de Bolloré. Il était d'autant plus satisfait de cette aubaine qu'en Angola, « les progrès pour faire avancer nos dossiers sont lents » et qu'il a ainsi pu « sensibiliser les responsables politiques français de la délégation aux problèmes de notre groupe ». Lequel s'intéresse à tous les développements portuaires en Angola, étant déjà le premier opérateur au Katanga, la riche province minière dans le sud de la République démocratique du Congo voisine, avec un réseau terrestre pour évacuer le minerai vers les côtes. Pour Dominique Lafont, au-delà de l'amitié entre Nicolas Sarkozy et Vincent Bolloré, « toutes les entreprises françaises sont désormais beaucoup plus soutenues en Afrique par les ambassadeurs et les institutionnels français ».

Toutes les entreprises françaises ? L'ennemi numéro un en Afrique de Vincent Bolloré est bien français même si son entreprise est espagnole, installée à Séville. Elle s'appelle Progosa et son patron est Jacques Dupuydauby. Mais ce n'est pas seulement une question de nationalité et de business. La guérilla entre les deux anciens partenaires est aussi politique : Jacques Chirac défend Dupuydauby et Nicolas Sarkozy, Bolloré.

Tout débute dans l'amitié. Ancien président de la SCAC, une société de manutention portuaire, pendant dix ans, de 1976 à 1986, Jacques Dupuydauby est du métier. Nommé vice-président de Bouygues en 1986, puis président des ports français de 1987 à 1999, ce proche de Jacques Chirac était également sollicité par les présidents africains pour son expertise. Dans un premier temps, Vincent Bolloré s'est rapproché de lui, dans le contexte de son raid sur Bouygues. Dupuydauby était alors un intime de Francis Bouygues, le père fondateur. L'assaut sur le premier groupe de BTP français s'étant conclu par un jackpot financier mais un désir frustré, le contrôle manqué de TF1, Vincent Bolloré propose à Jacques Dupuydauby, qui s'était entre-temps installé en Espagne, pays de son épouse, de travailler ensemble. Il lui prête 11 millions d'euros et prend, à travers Progosa Investment, des participations minoritaires dans les filiales togolaises du groupe de Dupuydauby. Ce dernier gère une partie du port et passe, pour vingt-cinq ans, un « pacte de non-concurrence sur les autres ports ». L'encre n'aura pas le temps de sécher.

Très vite, Jacques Dupuydauby, qui bénéficie des conseils et du carnet d'adresses de Michel Dupuch, ancien conseiller Afrique de Jacques Chirac, se heurte aux équipes Bolloré. Rêvant de faire de Lomé l'un des principaux hubs portuaires de l'Afrique de l'Ouest, le « Don Quichotte » de Séville s'empare également de la gestion des ports du Gabon. Il tente ensuite de bousculer, en vain, Bolloré au Cameroun et intente mille et un procès contre lui. Vincent Bolloré se fâche et, sur la base de son prêt, déclare que

Progosa Investment lui appartient. Mais Dupuydauby avait anticipé en créant une autre structure, Progosa Shipping Togo, dans laquelle il s'était associé avec la haute strate de la nomenklatura togolaise. Du coup, Bolloré se retrouve avec une coquille vide. La tension monte. Le paroxysme est atteint le 8 février 2006 : quatre hauts dirigeants de Bolloré – venus à Lomé reprendre le contrôle des filiales togolaises et évincer Dupuydauby sur la base d'un jugement en leur faveur – sont arrêtés et jetés en prison pour « corruption de magistrats ». Le groupe français parle d'un « piège »...

A Paris, Jacques Chirac apprend la nouvelle au moment où il reçoit le président gabonais Omar Bongo. Les deux chefs d'Etat décident d'appeler ensemble leur homologue togolais, Faure Gnassingbé. Un peu gêné aux entournures, ce dernier évoque « l'indépendance de la justice, ici comme ailleurs » et refuse d'agir. Le conseiller Afrique de l'Elysée, Michel de Bonnecorse, propose alors d'envoyer au Togo l'ancien ministre de la Coopération, Michel Roussin, vice-président de Bolloré. Egalement ancien responsable des services secrets français, il saurait faire. « Mais Vincent Bolloré, fou furieux que les deux présidents n'aient pas obtenu la libération immédiate de ses gars, refuse que Roussin parte là-bas, avec le risque de devenir lui-même otage », raconte Michel de Bonnecorse. Les cadres de Bolloré seront finalement libérés un peu plus tard, sous caution (620 000 euros), en restant inculpés.

Depuis, l'affrontement entre Vincent Bolloré et Jacques Dupuydauby ne s'est pas arrangé. Aux procédures pénales croisées en Espagne, en France, au Togo, au Gabon et au Cameroun ont succédé des campagnes de presse violentes. Bien organisé, le service de presse de Progosa II s'emploie à « démolir » l'image du groupe français. Coïncidence ? Les bureaux parisiens de Progosa ont été cambriolés, le 27 octobre 2006, et l'ordinateur de la responsable de la communication a disparu. Dans un premier temps, Vincent Bolloré n'a guère réagi. Puis, l'homme de presse qu'il est devenu avec Havas, Direct 8, Direct Matin et Direct Soir, n'hésite plus à vanter – à la une – les charmes discrets des dirigeants africains qui sont aussi ses clients. Son fils Yannick est le directeur des programmes de Direct 8 et son vice-président, Michel Roussin, également ancien président Afrique du MEDEF, anime tous les quinze jours sur la chaîne maison une émission « Paroles d'Afrique » dont la ligne éditoriale est de « positiver » sur le continent. Attaqué au Cameroun sur l'attribution de la concession du terminal du port de Douala, Vincent Bolloré a invité personnellement, du 2 au 7 mai 2006, une équipe de six rédacteurs en chef des principaux médias camerounais (CRTV, STV, *Le Messager*, *La Nouvelle Expression*, *Mutations*, *Cameroun tribune* et *Ici les gens du Cameroun*) à venir lui rendre visite à Paris. Le voyage a démarré par une visite de la Tour Bolloré avec rencontre des journalistes de la chaîne télévisée du groupe Direct 8, puis des entreprises établies à Rouen et au Havre. Logés à l'hôtel Méridien de la porte Maillot, les journalistes camerounais ont pu s'entretenir avec le P-DG lui-même, ainsi qu'avec son numéro deux, Michel Roussin. Le circuit s'est achevé par un dîner bateau-mouche. Seul le week-end était « sans programme ». Chacun a pu dépenser ses *per diem* de 150 euros journaliers, avant de rentrer un dossier de presse sous le bras. Les retombées n'ont pas été significatives mais les journalistes, c'est comme les orchidées, il faut les soigner longtemps. Et comme un peu de lobbying politique local ne peut pas faire de mal, Vincent Bolloré a signé, le 21 février 2008, un accord de partenariat avec la fondation de Chantal Biya, l'épouse du président à qui ce dernier a la réputation de ne rien refuser.

La guérilla africaine entre Bolloré et Dupuydauby a ranimé la vieille querelle entre balladuriens – *born again* comme « sarkozystes » – et chiraquiens. Non seulement, Jacques Dupuydauby a pour administrateur Michel Dupuch, l'ancien conseiller Afrique de Chirac, mais également comme vice-président exécutif Rémy Chardon, ancien directeur de cabinet du maire de Paris. Jacques Chirac affiche lui-même son soutien à Dupuydauby en acceptant ses dons pour sa fondation. Dans une lettre adressée le 23 juin 2008 à Rémy Chardon, Jacques Chirac « se réjouit que Progosa souhaite aider la Fondation pour le développement durable et le dialogue des cultures [qu'il] vient de lancer, et plus particulièrement le Laboratoire national de Cotonou auquel [il] attache une grande importance ». L'ancien président propose de rencontrer Rémy Chardon, « pour échanger informations et impressions sur l'Afrique où [il] sait que Progosa est très active ». Pour consolider sa filière chiraquienne, et pour présider sa propre fondation, Jacques Dupuydauby a nommé l'ancienne ministre à la Coopération, Brigitte Girardin, chiraquienne pur sucre laissée sur le carreau par Nicolas Sarkozy. Il n'y aura donc qu'un seul transfuge du camp chiraquien ayant rallié Bolloré et Sarkozy, à savoir Michel Roussin. Mais *Le Gendarme de Chirac* – le titre de son livre de souvenirs aigres-doux – a de bonnes raisons d'en vouloir à l'ex-président.

Comme il se plaît lui-même à le répéter, Nicolas Sarkozy « mouille sa chemise et fait le job » pour pousser les entreprises françaises en Afrique. Le P-DG de Total, Christophe de Margerie, lui a donné crédit de ses efforts de promotion. Convié par le chef de l'Etat à l'accompagner en Angola, le 23 mai 2008, il a déclaré, à son retour, à *Paris Match* : « La récente visite du président de la République en Angola représente un message clair : les hommes politiques ont compris qu'ils avaient une responsabilité face au marché pétrolier et à son approvisionnement. Personnellement, c'est un message que je tentais de diffuser depuis des années. » Le consortium EDF, Areva, Bouygues et Alstom, qui veut vendre des centrales nucléaires à l'Afrique du Sud, doit également une fière chandelle au président. Pour sa visite d'Etat au pays de Mandela, les 28 et 29 février 2008, Nicolas Sarkozy a emmené comme invités des milieux d'affaires seuls les dirigeants d'entreprises du secteur énergie, notamment Anne Lauvergeon d'Areva et Patrick Kron d'Alstom. Les deux se détestant, Alstom rêvant d'avaler Areva, le chef de l'Etat leur a demandé de ne pas grimacer devant les caméras et de jouer collectif pour que « l'équipe France » – c'était son expression –

remporte le contrat de deux centrales nucléaires pour 2010 et d'une dizaine d'autres à l'horizon 2025. Framatome, l'ancêtre d'Areva, et Alstom avaient construit, au début des années 1980, la première centrale de ce pays à Koeberg, près du Cap, sur la base d'une licence Westinghouse pour le processus de refroidissement du cœur du réacteur. Westinghouse-Toshiba est aujourd'hui le principal concurrent de « l'équipe France ». Le groupe nippo-américain est très introduit auprès des cadres dirigeants d'Eskom, la société d'énergie sud-africaine. De son côté, Paris mise sur Thabo Mbeki dont Anne Lauvergeon est l'une des conseillères dans le cadre de l'International Investment Council, un *think tank* animé par le président sud-africain. Mais Thabo Mbeki est un président « sortant » et son successeur potentiel en 2009, Jacob Zuma, qui a déjà pris le contrôle de l'ANC mais reste empêtré dans une affaire de corruption avec le groupe français Thalès (ex-Thomson), n'est pas aussi bien disposé à l'égard de la France. Le 29 février 2008, au Cap, à la clôture d'un Forum économique franco-sud-africain, Nicolas Sarkozy, plus chef de la « diplomatie énergétique » que jamais, a lancé au président sud-africain, assis dans un grand fauteuil à côté d'Anne Lauvergeon sur une estrade, comme au théâtre : « On va se battre pour obtenir le marché des centrales, charbon comme nucléaire, parce que, nous, on est comme ça : tout prendre, c'est plus facile que prendre à moitié. »

Si tous les prédécesseurs de Nicolas Sarkozy ont promu, eux aussi, les entreprises françaises, c'était en tête à tête avec leurs homologues et couleur pastel dans les déclarations officielles. Avec « Super Sarko », c'est sur la table, très « rentre dedans » et ouvertement politique. Plusieurs chefs d'Etat africains affirment en privé qu'ils hésitent à refuser un contrat à un ami du président français. Même le général François Bozizé, méchamment surnommé « l'autiste de Bangui » à l'Elysée, a finalement signé une convention avec Areva, le 1er août 2008. Mais il aura fallu un an de bras de fer, et une myriade d'intermédiaires, pour que l'un des plus puissants groupes français arrive à ses fins dans l'un des plus pauvres pays du monde – une illustration de la perte d'influence de la France en Afrique.

Areva, qui a repris la société d'exploitation d'uranium Cogema, s'était endormie au château de la France-Afrique, longtemps bien protégée par le « gendarme » du continent. Du temps de la guerre froide, la concurrence n'existait pas pour les matières premières en Afrique francophone, sous bonne garde. En Centrafrique, Areva avait ainsi laissé s'échapper le gisement d'uranium de Bakouma, à environ 800 kilomètres de Bangui, le prix du marché mondial ne justifiant pas l'exploitation d'une mine au cœur de l'Afrique. Or, depuis, l'envolée des cours a changé la donne. A l'été 2007, Areva a dû racheter UraMin, une société sud-africaine à qui l'Etat centrafricain avait entre-temps vendu la mine pour 2,5 milliards de dollars. Bakouma aurait dû revenir dans son escarcelle. Mais c'était sans compter sur le « prix de la souveraineté » de la présidence à Bangui. Interrogé, le 19 juin 2008, le président Bozizé dénonçait encore le *diktat* d'Areva, qui refuserait de nommer un directeur général centrafricain et chercherait à transformer sa concession minière « en République quasi autonome, hors de tout contrôle par l'Etat centrafricain ». Le général-président, qui est arrivé au pouvoir avec la bénédiction de Paris, à la faveur d'un coup d'Etat, le 15 mars 2003, avait ajouté : « On devrait avoir plaisir à accueillir une grande société française, mais il n'en est rien parce qu'ils ne comprennent pas qu'il faut aussi quelque chose à manger pour nous. » Un message fruste mais clair. C'est finalement une équipe d'intermédiaires composée du roi des mines au Congo-Kinshasa voisin, George Forrest, du conseiller spécial du chef de l'Etat centrafricain, Fabien Singaye, et de Renaud Guillot-Corail, directeur du développement économique de la ville de Levallois-Perret dont Patrick Balkany – l'ami du président Sarkozy – est le maire, qui l'a compris. En sus des promesses d'Areva de rénover l'hôpital de Bangui et de construire un dispensaire à Bakouma, le président Bozizé disposera de 12 pour cent de la future production de la mine, en principe à partir de 2010.

Pour en arriver là, ce ne sont pas les épisodes de « l'Afrique mystérieuse » qui ont manqué. Le plus violent a suivi une explication de gravures entre Nicolas Sarkozy et le général Bozizé, le 19 novembre 2007 à l'Elysée, qui n'était déjà pas tendre. Pendant sept minutes, le président français a tancé, en tête à tête, le chef de l'Etat centrafricain. Les deux hommes ont ensuite rejoint leurs délégations pour poursuivre une audience qui a duré moins de vingt minutes. Le lendemain matin, c'est la patronne d'Areva, Anne Lauvergeon, qui a appris à François Bozizé – installé dans une suite de l'hôtel Raphaël, près de l'Arc de triomphe – que son ministre des Affaires étrangères,

Côme Zoumara, avait demandé une compensation. Le président centrafricain a fait semblant de tomber des nues. En fait, il avait mandaté, simultanément et séparément, à la fois Zoumara et Sylvain Ndoutingaï, son neveu et ministre des Mines. Côme Zoumara a quitté la pièce sur la pointe des pieds, mais il s'est fait rattraper par le colonel Ndoutingaï, qui l'a roué de coups dans l'antichambre, furieux d'avoir été doublé.

Le « théâtre » centrafricain est cependant de tout repos pour Areva par rapport au théâtre de guerre dans lequel le groupe français s'est enlisé au Niger, en 2007. Avec un enjeu d'une tout autre dimension : le groupe français tire du Niger 40 pour cent (environ 3 000 tonnes/an) de son approvisionnement en uranium et ambitionne de mettre en exploitation en 2012, à Imouraren, dans l'extrême nord du pays, le « plus grand projet industriel et minier jamais envisagé ». Un projet de plus d'un milliard de dollars pour extraire 5 000 tonnes/an d'uranium, sur des réserves prouvées de 80 000 tonnes. Mais à l'été 2007, le président Mamadou Tandja a expulsé non seulement le conseiller en sécurité du groupe, Gilles de Namur, mais aussi le directeur local, Dominique Pin, ex-conseiller au sein de la cellule Afrique de l'Elysée sous Mitterrand, tous deux accusés d'avoir « acheté la paix » auprès de la rébellion touarègue. Ce qu'Areva a formellement démenti.

Les deux expulsés connaissaient bien le terrain. Namur avait été l'attaché militaire de l'ambassade de France à Niamey à l'époque où la cellule africaine de l'Elysée était le fer de lance de la DGSE (services secrets) pour la première « pacification » touarègue, avec une base à Arlit (accord avec le chef rebelle Mano Dayak). Aujourd'hui adossé aux Chinois – son propre fils Ousmane Tandja, dit « Gober », est le conseiller commercial de l'ambassade du Niger à Pékin –, le président Mamadou Tandja a beaucoup plus de marge de manœuvre que ses prédécesseurs. Comme au poker, Areva a déjà été obligé de « suivre » la concurrence et de remettre beaucoup d'argent au pot : augmentation de 50 pour cent de ses exportations et surtout mise à disposition à l'Etat nigérien d'une partie de la production. Cela a déjà permis à Mamadou Tandja de vendre 100 tonnes d'uranium sur le marché spot. Ce marché qui ne représente que 10 pour cent du total disponible est tellement tendu que les cours ont immédiatement fléchi. Mais du cash est rentré à Niamey. La présidente d'Areva, Anne Lauvergeon, est allée elle-même signer la nouvelle convention d'Imouraren – le 14 janvier 2008, à Niamey. Mais les deux parties savent que ce n'est qu'un « armistice ». Au pays où le premier président Hamani Diori a été renversé en 1974 pour, entre autres, avoir eu l'idée de vendre son uranium à d'autres pays que la France, l'aventure qui vient d'arriver à Areva montre à quel point le vent du désert a soufflé depuis les indépendances. Une perte d'influence qui a rendu Nicolas Sarkoy encore plus interventionniste sur ce dossier, appelant lui-même à plusieurs reprises le président Mamadou Tandja. A l'Elysée, on chante le jour « la mondialisation de l'Afrique », « l'européanisation de la France » et « la fabuleuse arrivée sur le continent de nouveaux partenaires qui vont générer des affaires pour tous sur le continent ». A peine la nuit tombée, on téléphone aux présidents récalcitrants et on active les « amis » sur le continent pour qu'ils abusent de leur pouvoir en faveur de tel ou tel intérêt français.

S'il fallait retenir un dossier où la main politique de Nicolas Sarkozy est attendue, c'est celui du coton. Ce sont deux proches de l'Elysée : Jacques Saadé, patron de la CMA-CGM, et Abbas Jaber (Advens) – l'un des invités de la remise de la Légion d'honneur de Robert Bourgi – qui ont repris le 31 janvier 2008, à travers la joint-venture Geocoton, le groupe Dagris (ex-CFDT) pour environ 28 millions d'euros. Outre le lobbying de Me Bourgi auprès de l'Elysée, Anne Méaux (Image 7), la grande prêtresse de la communication des milieux d'affaires à Paris, est intervenue auprès de Christine Lagarde, ministre de l'Economie et des Finances. Leur principal concurrent était le groupe Sofiproteol que l'on dit proche de Jacques Chirac. Pour « contrer » les lobbyistes « sarkozystes » de Geocoton, Sofiproteol a fait jouer le soutien de Basile Boli, secrétaire national de l'UMP, chargé du développement. La Compagnie française de développement des fibres textiles (CFDT) a pendant un demi-siècle été la deuxième mamelle de la France en Afrique avec le pétrole d'Elf Aquitaine. Or, la « reine du coton » qui emploie plusieurs millions d'Africains a perdu de sa superbe. Et il y a 80 à 100 millions d'euros de dettes à effacer à l'Agence française de développement (AFD). Le patron de cet organisme, l'inspecteur général Jean-Michel Severino, soutenu par ses collègues du Trésor, se fait un peu tirer l'oreille pour sortir l'ardoise magique. « Super Sarko » en Afrique va-t-il réussir à sauver ses « amis » du coton ?

5

Sarko, l'immigré choisi

Quand la composition des deux premiers gouvernements sous la présidence de Nicolas Sarkozy a été rendue publique, le 19 mai puis le 18 juin 2007, les boussoles se sont affolées. Les points cardinaux qu'avaient été, dans le monde politique, la gauche et la droite, et, sur le plan social, les « bons » Français de souche et les Français « issus de l'immigration » ont perdu leur sens. Toute l'ambiguïté de ce changement était contenue dans le mot-valise « ouverture ». Alors que le candidat de la droite venait de remporter le scrutin présidentiel haut la main, un tiers des fauteuils dans le premier cabinet Fillon sont allés à des personnalités de la gauche ou du centre. Mais le changement le plus frappant était le nouveau « visage » de ces gouvernements, du premier et, plus encore, du deuxième qui a été formé après les municipales de mars : enfin, l'équipe dirigeante ressemblait au visage de la France, du moins à celui de la rue, de l'Education nationale, de la plupart des clubs sportifs et des associations, à défaut de ressembler à la France – encore largement masculine et, surtout, monocolore – des grandes écoles, des médias, des assemblées élues et des conseils d'administration. Avec Rachida Dati, Rama Yade et Fadela Amara, les Français venus d'autres horizons, eux-mêmes ou leurs parents, se voyaient pour la première fois représentés. En même temps, et c'est l'ambivalence de « l'ouverture » pratiquée par Nicolas Sarkozy, leur accession aux leviers de commande s'accompagnait de la naissance d'un nouveau ministère confié au membre du gouvernement le plus proche du président : celui de l'Immigration, de l'Intégration, de l'Identité nationale et du Développement solidaire, coiffé par Brice Hortefeux. Sa création a été si controversée que huit universitaires, membres des instances de la Cité nationale de l'histoire de l'immigration, ont aussitôt démissionné. Pour sa part, le rapporteur spécial des Nations unies contre les formes contemporaines de racisme, de discrimination raciale, de xénophobie et de l'intolérance, le diplomate sénégalais Doudou Diène, a dénoncé devant le Conseil des droits de l'homme de l'ONU l'association entre l'immigration et l'identité nationale comme « une banalisation du racisme ».

La tentation est grande – mais, aussi, un peu facile – de chercher à résoudre ces contradictions dans les origines familiales de l'homme qui les a provoquées : Nicolas, Paul, Stéphane Sarközy de Nagy-Bocsa, le nom complet d'état civil du président, fils d'un immigré hongrois et d'une mère française, Andrée Mallah, elle-même fille d'un père dont la famille – des Juifs sépharades – avait immigré depuis la Salonique et d'une mère dont les parents – des Savoyards – étaient devenus français en 1860. Cependant, dans la France d'aujourd'hui, une telle ascendance « mélangée » n'est-elle pas banale, plutôt la règle que l'exception ? De la même façon, on devrait s'interdire le recours à une psychologie de circonstance, qui prétend que le fils d'immigré et *self-made man* aurait « tendance » à être plus dur avec les derniers venus sur le paquebot France, et plus encore avec les passagers clandestins, parce qu'il a lui-même gagné ses galons de capitaine de haute lutte, à force de résilience.

Au lieu de les personnaliser, on peut simplement relever les contradictions de Nicolas Sarkozy. Celui-ci paraît en phase avec la France telle qu'elle est, à savoir diverse, en même temps qu'il trahit l'idéal de beaucoup de Français sur ce que devrait être l'avenir d'un pays qui est, depuis toujours, un pays d'immigration. L'actuel président assume les conséquences humaines du passé colonial en ouvrant son gouvernement aux « Français à trait d'union » – Franco-Algériens, Franco-Marocains, Franco-Sénégalais, Franco-Maliens, etc. – qui forment l'essentiel des dernières vagues d'immigration ; en même temps, il assume le passé colonial de la France en reconnaissant des « fautes », voire des « crimes », mais sans repentance. Il ferme la porte aux (petits-)enfants des « sujets » coloniaux qui cherchent à immigrer dans l'ex-métropole, sans apporter de qualifications. Nicolas Sarkozy estime que la France ne leur doit rien au nom d'un passé commun. Enfin, pour ce qui est de sa politique africaine en particulier, l'actuel président cherche à la refonder sur l'existence d'une « France noire », c'est-à-dire sur les près de 2 millions de Français issus de l'immigration subsaharienne. C'est un renversement copernicien. Ainsi, le directeur de publication de l'hebdomadaire panafricain *Jeune Afrique,* Béchir Ben Yahmed, avait-il pour habitude d'expliquer à sa rédaction que les immigrés africains en France ne lisaient pas son journal, ou peu, du moins en public. Car ils préféraient exhiber *France Soir, Le Monde, Libé* ou, mieux encore, *L'Equipe* ou *Paris-Turf,* pour montrer qu'ils étaient intégrés, des « Français noirs » justement, et pour amorcer plus facilement une conversation sur leur lieu de travail ou au bistrot. Mais, signe de temps qui ont changé, peu après l'accession à l'Elysée de Nicolas Sarkozy, le journal de Béchir Ben Yamed s'est doté d'une nouvelle rubrique, « Parcours », une double page spécialement conçue pour les « Franco-Africains » : sous le titre « Ils viennent d'Afrique, ils ont réussi ailleurs », on y suit désormais, chaque semaine, la *success story* d'un ou d'une immigré(e).

Pourtant, la « France noire », dont Nicolas Sarkozy fait le pivot de sa « nouvelle » politique africaine, ne date pas d'hier. Sans remonter le long cours de la présence africaine dans l'Hexagone, de l'exhibition de « sauvages » dans des parcs publics aux députés et ministres que furent des leaders africains tels que Félix Houphouët-Boigny ou Léopold Sédar Senghor à la fin de la IVe République française et à la veille des indépendances de leurs pays d'origine, en passant par les quelque 400 000 « tirailleurs » qui participèrent aux deux guerres mondiales, la seconde fois en libérant leur puissance colonisatrice humiliée et occupée, cette histoire est longue et contrastée. Le fait est que la « mise en valeur » des colonies n'a été qu'un vœu pieux, prônée sur le tard et jamais traduite dans des réalités comptables, entre autres en l'absence des réparations allemandes après la Grande Guerre sur lesquelles l'Etat français comptait pour renflouer ses possessions d'outre-mer. Finalement, de l'écart toujours plus grand entre l'immensité des tâches à accomplir, notamment en termes d'infrastructures de base, et la modicité des fonds rendus disponibles s'est nourri le thème du « fardeau » que constitueraient les colonies. Ce leitmotiv devient prophétie autoréalisatrice, à mesure que le poids démographique de l'Afrique double – presque – entre 1910 et 1960, passant de 150 à 273 millions d'habitants. Les colonies restent alors une lucrative rente de situation, dont la France tire le meilleur avantage possible, aussi longtemps que possible, mais sans chercher à la renouveler en y investissant. De plus en plus, le « débouché colonial » est accaparé par des branches industrielles françaises en déclin comme, par exemple, l'industrie cotonnière.

Dans la France de l'après-guerre, les Algériens affluent en masse – 180 000 entre 1949 et 1955, plus que l'ensemble des autres immigrés, toutes origines confondues – tandis que le nombre des originaires du sud du Sahara reste un mince filet. Fait rarement mis en exergue, la flèche migratoire pointe alors dans l'autre sens : entre 1946 et 1960, le nombre des Français en Afrique de l'Ouest triple largement, passant de 30 000 à plus de 100 000. Pour ce qu'on appelle aujourd'hui les « flux migratoires », les indépendances des années 1960 marquent un tournant paradoxal. L'Afrique noire étant « mal partie », comme le constate dès 1962 René Dumont, et la France n'étant partie de ses possessions sur le continent que pour « mieux rester », selon la formule d'Edgar Faure, l'Hexagone devient la terre d'accueil d'immigrés en provenance d'ex-néo-colonies que le « gendarme de l'Afrique » protège sans pouvoir y retenir les habitants. Ces derniers s'en vont de chez eux en nombre toujours plus important, pour fuir une misère persistante et les autocraties, sinon dictatures – militaires – qui s'instaurent, sauf au Sénégal. L'exception coloniale franco-africaine perdure sur le continent jusqu'au début des années 1990, à la faveur de la guerre froide et de ses lendemains incertains ; elle prend fin en France entre 1986 et 1996, une décennie au cours de laquelle trois coups durs annoncent la sortie de l'histoire nationale du colonisé, appelé à devenir un immigré parmi d'autres. A l'été 1986, à la suite d'attentats terroristes à Paris dans lesquels aucun Africain n'est impliqué ni de près ni de loin, la France instaure l'obligation de visa pour les ressortissants de ses anciennes colonies d'Afrique (qui n'avaient même pas eu besoin d'une carte de séjour jusqu'en 1975) ; en octobre 1986, Charles Pasqua, alors ministre de l'Intérieur sous la première cohabitation, renvoie chez eux 101 Maliens en situation irrégulière à bord d'un avion spécialement affrété, le premier charter d'une longue série ; enfin, le 23 août 1996, au creux de l'été, des policiers défoncent les portes de l'église Saint-Bernard, à Paris, pour expulser les familles de « sans-papiers » – environ 80 personnes – qui y avaient trouvé refuge depuis plusieurs semaines. Deux ans plus tard, dans l'euphorie de la Coupe du monde de football remportée chez elle, la France se rêve

« black-blanc-beur », mais ce n'est qu'un songe d'été. L'immigré subsaharien étant arrivé le dernier, en masse seulement *après* les Trente Glorieuses, il subit l'égoïsme de la « priorité nationale » et, à partir du début des années 1990, une nouvelle forme de racisme, le rejet « du Noir polygame au chômage qui vient profiter du système ». Avec une génération d'écart par rapport aux « beurs », le problème de la seconde génération, née en France, éclate aux yeux de tous lors des violences urbaines de l'automne 2005. Les médias découvrent des « hordes noires » qui, nuit après nuit, incendient dans des banlieues « chaudes » des voitures et des bâtiments publics. Mais ces événements servent aussi d'ultime accélérateur à la mise en place d'un lobby franco-africain dans l'Hexagone, l'équivalent du Collectif DOM qui, depuis février 2003, vise à coordonner l'action des quelque 6 000 associations antillaises en France. Le 26 novembre 2005, alors que les scores nocturnes redescendent progressivement à la « normale » autour des villes françaises, le Conseil représentatif des associations noires (Cran) voit le jour dans une salle louée de l'Assemblée nationale. La « France noire » – près de 4 millions de citoyens, à peu près à part égale des Antillais et des Français d'origine africaine – existe désormais, au moins sur la « scène médiatique », sa force organisationnelle restant à démontrer. Dans le salon Colbert du Parlement, le footballeur franco-ivoirien Basile Boli salue ainsi la naissance du Cran : « Je voudrais dire qu'aujourd'hui, je suis fier. Quand on est sportif, on oublie la couleur de sa peau car on fait la une des journaux. J'ai défendu les couleurs de la

France pendant neuf ans, et là, je suis fier et ému d'être à l'Assemblée nationale pour cette occasion. Le Cran va être une voie pour nous, un passage pour nos enfants et pour tous les Noirs qui souffrent. Merci. »

L'histoire de Basile Boli est instructive des relations d'attirance et de répulsion qui existent entre Nicolas Sarkozy et la « France noire ». Après avoir raccroché ses crampons au Japon, en 1997, l'arrière-centre de légende – le 26 mai 1993, à Munich, son coup de tête à la 44e minute avait été le seul but de la finale entre l'OM et le Milan AC et avait valu aux Marseillais la coupe de la Ligue des Champions – se cherche un nouveau rôle. Il présente, sur France 3, en compagnie de Didier Roustan, l'émission « Loto foot » mais ce n'est pas le pari gagnant. Né dans un quartier d'Abidjan, à Adjamé, de l'ethnie bété comme l'actuel président de la Côte-d'Ivoire, Laurent Gbagbo, Basile Boli a vécu ses années formatrices – pendant neuf saisons aux côtés de Guy Roux – à Auxerre. C'est là que le PS lui propose de se présenter comme candidat aux élections législatives de 2007. Le choix aurait été conforme aux sympathies politiques de longue date du Franco-Ivoirien, qui a le cœur à gauche et s'était engagé, contre le racisme, dans la campagne « Touche pas à mon pote ». Mais « Basile Boli tire à droite », comme l'écrit, sur un air de reproche, le journal *Politis.* Après avoir accepté, en février 2007, une « mission sur la diversité » du candidat à la présidentielle de l'UMP, après avoir surtout porté aux nues Nicolas Sarkozy lors d'un meeting électoral à Marseille (« Toute ma vie, j'ai voulu être le meilleur. Le meilleur, aujourd'hui, c'est Nicolas Sarkozy »), Basile

Boli prend la carte du parti présidentiel, le 16 octobre 2007. Le jour même, il est nommé secrétaire national de l'UMP chargé du codéveloppement. Il sert désormais un homme politique à qui son successeur sous le maillot bleu, le Guadeloupéen Lilian Thuram, reproche publiquement « une vision raciale ». Le 10 juin 2008, Nicolas Sarkozy en personne le fait chevalier de la Légion d'honneur. Cependant, comme le révélera une photo publiée dans *Le Canard enchaîné,* le président a besoin d'une discrète antisèche pour se souvenir des faits de gloire du célèbre Français noir qui, dit-il, a « l'Afrique chevillée au corps ». Ce qui est vrai c'est que Basile Boli fête ses insignes de la Légion d'honneur plus chaleureusement, en famille et à Abidjan, le 28 juin lors d'une réception à la résidence de l'ambassade de France.

Trois mois plus tard, le 27 septembre 2007 à Paris, le malaise du « gentil géant noir » est palpable lors d'une conférence de presse qu'il anime aux côtés de Brice Hortefeux. Il s'agit d'annoncer la signature d'une convention de partenariat entre l'Agence nationale de l'accueil des étrangers et des migrations (ANAEM), sous la tutelle du ministre, et de l'association Entreprendre et Réussir en Afrique (ERA) que Basile Boli vient de créer avec Patrick Givanovitch, un ancien de Publicis Conseils, Young Rubicam et Géodis, et Pierre Djédjé, cadre au ministère de la Culture à Abidjan. Mais les modalités d'un éventuel « retour gagnant » pour les immigrés désireux de rentrer chez eux sont éclipsées par l'actualité : dans la nuit, au terme de débats houleux, le Sénat a rejeté l'amendement Marianne visant à instaurer des tests

ADN obligatoires pour vérifier la parenté des candidats au regroupement familial en France. Basile Boli est à la fois soulagé et inquiet. Il est hostile aux tests ADN. Mais comment le dire en présence de Brice Hortefeux qui, après avoir découvert à Brazzaville « l'état civil dans une baignoire » dans une mairie d'arrondissement, défend ce « dispositif protecteur pour des requérants de bonne foi » ? Heureusement, aucun journaliste n'interroge l'ancien dieu des stades sur les tests controversés !

Ce n'est donc que bien plus tard, et en aparté, que Basile Boli explique ses réticences. « Dès 1995, avec l'*ivoirité* [la "préférence nationale" promue par l'ancien président Henri Konan Bédié qui avait valu aux Ivoiriens du Nord – sahéliens et musulmans – l'exclusion en raison de leur prétendue "nationalité douteuse"], j'ai pris conscience de ces problèmes de nationalité, dit l'ancien footballeur. L'un de mes frères élevés avec nous n'a pu obtenir sa carte d'identité [ivoirienne]. Aussi, cette histoire d'ADN, c'était tout de suite impensable pour moi. Mon père avait élevé plusieurs enfants qui étaient mes frères même si nous n'avions pas le même sang. J'ai exposé mon point de vue devant le conseil exécutif de l'UMP. Je me suis heurté très vivement à Thierry Mariani [le député du Vaucluse qui a présenté plusieurs amendements renforçant le projet de loi sur l'immigration] qui souhaitait bénéficier d'un portefeuille de ministre de l'Identité nationale et a déposé la résolution sur l'ADN, laquelle s'est fait retoquer au Sénat. Cette histoire d'ADN ne vise qu'à limiter le regroupement familial. » Le 4 octobre 2007, le Sénat a tout de même adopté une version « allégée » du test ADN, désormais volontaire, remboursé, soumis à l'autorisation d'un magistrat civil et limité à la recherche d'une preuve de filiation exclusivement avec la mère, jamais le père. Néanmoins, des personnalités de tout horizon ont lancé une pétition afin que le gouvernement « retire cette disposition, sous peine de contribuer, en introduisant l'idée que l'on pourrait apporter une réponse biologique à une question politique, à briser durablement les conditions d'un débat démocratique, serein et constructif sur les questions liées à l'immigration ». Parmi les premiers signataires de cet appel, outre des politiques, dont l'ancien Premier ministre UMP Dominique de Villepin, figurent le généticien Axel Kahn, les syndicalistes Bernard Thibault et Jean-Claude Mailly, les actrices Isabelle Adjani et Jeanne Moreau, ainsi que Lilian Thuram.

C'est Bernard Tapie, président de l'OM quand Boli y connut son heure de gloire, qui a emmené son ancien joueur chez Claude Guéant, l'homme de confiance de Nicolas Sarkozy. « Claude Guéant voulait faire de moi un "préfet de la diversité", mais j'ai refusé », raconte la nouvelle recrue du camp présidentiel. Le secrétaire général de l'Elysée affirme apprécier « la grande capacité d'entraînement » de Basile Boli. Plus généralement, le bras droit du chef de l'Etat estime que « la population d'origine africaine en France – qu'elle soit ou non de nationalité française – a une sensibilité particulière par rapport aux événements sur le continent et à l'implication française. Ce regard nous importe, aussi sur le plan des flux migratoires et sur le plan économique, où nous cherchons à associer la diaspora aux projets de développement ». Claude Guéant rappelle que, déjà du temps où Nicolas Sarkozy était au ministère de l'Intérieur, il avait fait passer – « contre le gouvernement mais avec la complicité des députés de l'UMP » – un amendement défiscalisant l'épargne des immigrés dès lors que celle-ci était réinvestie dans leur pays d'origine.

Depuis, beaucoup de chemin a été fait sur la route méandreuse de l'immigration, de l'intégration, de l'identité nationale et du développement solidaire. Le 7 juillet 2008, l'Europe des 27, à travers son conseil Justice et Affaires intérieures, a entériné un « pacte sur l'immigration et l'asile » proposé par Brice Hortefeux. Cinq « engagements fondamentaux » ont été pris d'un commun accord : 1) organiser l'immigration légale « en tenant compte des priorités, des besoins et des capacités d'accueil » ; 2) lutter contre l'immigration illégale « en assurant le retour dans leur pays d'origine des immigrés en situation irrégulière », en particulier par le renforcement de Frontex, la police européenne de la frontière externe, qui sera dotée d'un état-major et de deux postes de commandement permanents, l'un à l'est, l'autre au sud ; 3) « renforcer l'efficacité des contrôles aux frontières », notamment grâce aux visas biométriques qui doivent entrer en vigueur au plus tard le 1er janvier 2012, en même temps qu'une « carte bleue » destinée aux immigrés hautement qualifiées ; 4) bâtir une « Europe de l'asile » à la faveur d'une procédure d'asile unique dans tous les pays membres de l'UE ; 5) « créer un partenariat global avec les pays d'origine » dont le centre de gravité sera un « partenariat de mobilité ». Ces cinq objectifs reposent sur le consensus que « l'Europe n'a pas les moyens d'accueillir dignement tous ceux qui voient en elle un nouvel eldorado ». Pour Brice Hortefeux, le cap est ainsi fixé pour naviguer entre Charybde et Scylla. Le Vieux Continent ne sera « ni une Europe forteresse ni une Europe passoire ».

Sur le plan national, l'existence d'un « ministre régalien au service de la nouvelle politique d'immigration de la France » – c'est ainsi que Brice Hortefeux se présente lui-même – a déjà commencé à modifier en profondeur la relation franco-africaine. L'immigration professionnelle, dont Nicolas Sarkozy veut qu'elle représente à terme la moitié des nouveaux arrivants dans l'Hexagone, est passée de 7 pour cent, en 2006, à 9,4 pour cent en 2007, voire à 16 pour cent pendant les cinq premiers mois de 2008. En même temps, entre 2006 et 2007, l'immigration familiale a diminué de 12,6 pour cent. Près de 30 000 personnes – sur un nombre total d'étrangers illégaux évalués entre 200 000 et 400 000 – ont été expulsées, soit une augmentation de 31 pour cent entre juin 2006 et mai 2007. Parallèlement, « l'aide au séjour irrégulier » a été criminalisée. Elle est désormais passible de cinq ans de prison et de 30 000 euros d'amende. La signature d'un « contrat d'accueil et d'intégration », stipulant les droits et obligations d'un immigré en France, est devenue obligatoire pour les primo-arrivants en janvier 2007. A la rentrée 2008, « un système d'apprentissage de la langue française » doit être mis en place, en concertation avec l'Education nationale. Une carte « compétences et talents » est censée réconcilier les besoins de la France en cadres qualifiés, ainsi que le désir de beaucoup d'intellectuels du tiers monde de s'installer dans l'Hexagone, et la « fuite des cerveaux » qui condamne les pays d'origine au sous-développement à perpétuité. Pour le moment, l'adéquation entre l'offre et la demande en France est loin d'être satisfaisante : alors que le nombre de chômeurs chez les immigrés, tous niveaux d'éducation confondus, est trois fois supérieur à celui des nationaux, il est même quatre fois supérieur chez les immigrés diplômés.

Brice Hortefeux se défend contre l'accusation du « tout répressif ». Il souligne qu'il lui incombe « la responsabilité de gérer l'ensemble du parcours d'un étranger candidat à l'immigration en France : depuis l'accueil au consulat jusqu'à l'intégration dans notre pays et l'éventuel accès à la nationalité française, ou le retour vers le pays d'origine ». Or, par exemple, le pourcentage des visas délivrés par la France au Sénégal, par rapport au total des demandes, est passé de 60 pour cent, en 2004, à 83 pour cent en 2007. De même, sur 32 000 demandeurs en 2007, 8 771 personnes ont bénéficié du droit d'asile en France, soit 19 pour cent de plus qu'en 2006 – le meilleur taux d'acceptation en Europe. Même au sujet de la trentaine de centres de rétention dans l'Hexagone, pourtant très controversés, le ministre « positive » en mettant en avant la courte durée de l'enfermement administratif – entre dix et douze jours en moyenne, et pas plus d'un mois au maximum – par rapport aux voisins européens, la moyenne en Allemagne étant de dix-huit mois et sept Etats de l'UE n'ayant pas même fixé de limite. En revanche, la gêne est perceptible au sujet du rejet des quotas d'immigration par la commission Mazeaud. Faute de pouvoir imposer le nombre des entrées autorisées pour telle nationalité ou telle profession, Brice Hortefeux veut avoir recours à des « contingents », de « simples objectifs fixés d'avance à l'intérieur d'un nombre global » d'immigrés légaux, avec une « ventilation par motifs ». Dans la pratique, cela risque fort d'aboutir à un système de quota qui ne dira pas son nom.

Au cœur de la nouvelle relation franco-africaine est placée la « gestion concertée des migrations et du développement solidaire », négociée pays par pays. La formule, revue et corrigée à la lumière d'un « partenariat gagnant-gagnant », recouvre « l'immigration choisie » chère au candidat Sarkozy – et, globalement, conspuée en Afrique. Dans les premiers quinze mois de la présidence Sarkozy, la France a signé quatre accords de ce type avec des pays africains, le Sénégal, le Bénin, le Congo et le Gabon, en attendant les gros pourvoyeurs d'immigrés que sont le Mali, le Cameroun et la Côte-d'Ivoire. La négociation achoppe, en particulier, entre Bamako et Paris, la France proposant une ouverture millimétrée de son marché du travail (55 métiers là où le Sénégal s'en est vu offrir 104), le Mali ne pouvant oublier qu'avec au moins 120 000 ressortissants en France, dont la moitié sans titre légal, la « gestion concertée » menace de concerner surtout le planning des charters de retour. Or, les rétro-transferts de la communauté malienne en France, 182 millions d'euros en 2007, sont plus importants que l'aide au développement que perçoit l'Etat sahélien. Sans parler d'une fierté nationale qui ne peut qu'être blessée à force d'expulsions. Dans ce contexte, la bavure à l'aéroport Roissy-Charles-de-Gaulle qui, le 2 février 2008, a failli valoir à Bassirou Diarra, président du Comité franco-malien sur l'émigration et conseiller du chef de l'Etat malien, un séjour dans un centre de rétention, n'a pas amélioré le climat de négociation. « Moi, j'ai pu m'en sortir, mais si cela avait été un autre..., a déclaré Bassirou Diarra en commentent sa mésaventure. Je me suis demandé si on ne voulait pas me faire payer le fait que le Mali ne veut pas signer d'accord de réadmission. »

Le discours sur l'immigration de Nicolas Sarkozy se heurte aux « réalités du terrain », dont on aime à dire en Afrique qu'elles « commandent ». Quelque 4 millions d'originaires du sud du Sahara résident dans les 22 pays industrialisés membres de l'OCDE, notamment aux Etats-Unis (930 000 personnes), au Royaume-Uni (812 000), en France (565 000), au Portugal (348 000) et au Canada (271 000). Cependant, au total, il y a environ 20 millions d'habitants au sud du Sahara qui sont partis de chez eux pour chercher une vie meilleure dans un autre pays. Ce qui signifie deux choses : d'une part, par rapport à l'ensemble des migrants internationaux, qui sont 200 millions, le nombre des habitants au sud du Sahara franchissant une frontière internationale correspond à peu près au poids relatif de l'Afrique noire au sein de la population mondiale, soit 12 pour cent (il n'y a donc pas plus fuite de ce continent souvent « maudit » qu'il n'y a fuite d'Asie ou d'Amérique latine) ; d'autre part, sur les 20 millions de migrants subsahariens, plus des trois quarts – 16 millions – restent sur leur continent qui, de ce fait, est davantage un bassin de rétention qu'une terre d'exode. En témoignent les grands pays d'immigration tels que la Côte-d'Ivoire (4,5 millions d'étrangers pour une population de 18 millions) ou l'Afrique du Sud (5 millions d'immigrés, selon des estimations incertaines, pour une population de 48 millions). Seulement, les perspectives démographiques de l'Afrique subsaharienne à l'horizon 2050 se traduiront inévitablement par une intensification de ces mobilités. Sans verser dans un malthusianisme de mauvais aloi, il suffit de contempler le doublement attendu des nouveaux venus sur le marché du travail : des 14 millions de nouveaux demandeurs d'emploi par an, au début du millénaire, l'Afrique au sud du Sahara passera à 27 millions, à l'horizon 2030. Dans ce contexte, les montants mobilisés pour le « codéveloppement solidaire » ne constituent que quelques brins d'herbe censés fixer de gigantesques dunes mouvantes. Pour 2008, le codéveloppement était en effet doté de 60 millions d'euros en autorisations d'engagement et de 30 millions d'euros en crédits de paiements. Ce qui voulait dire pour un pays d'émigration comme le Mali qu'il pouvait compter sur 2 ou 3 millions d'euros pour endiguer le flot des partants ou pour faire revenir ses fils déjà partis « chercher l'argent » en France…

Après avoir constaté que « des expulsions deviennent un trait normal de la politique africaine de la France », le chercheur Roland Marchal (CNRS/CERI) a fait remarquer qu'il était « plus facile de se mettre à dos le Mali que la Chine ». Or, c'est la Chine, et non pas le Mali, qui a adopté pour politique officielle d'inciter ses ressortissants au départ, en vertu du mot d'ordre *zou chuqu*, « sortez (des frontières) ! ». Selon les Renseignements généraux, le nombre des Chinois en France – avec une forte concentration dans la région parisienne – s'élèverait à 900 000 personnes, dont une grande partie de clandestins. Mais cette étude est frappée du plus haut coefficient de confidentialité. On ne risque donc pas de la retrouver dans les journaux qui, déjà, ne débordent pas de zèle pour savoir pourquoi il y a tant de charters à destination de Bamako – et aucun pour Pékin.

Pris entre les plaques tectoniques des migrations de masse de la mondialisation, les « Français à trait d'union » issus des anciennes colonies françaises seront-ils le sel de la terre d'une nouvelle France-Afrique ? Le combat paraît inégal. Mais, pour la première fois depuis que la France a pris possession de terres étrangères, elle abrite sur son sol une proportion non négligeable d'habitants – 2,5 pour cent de sa population, le double si l'on inclut les Antillais – qui ont un lien particulier avec leur pays d'origine anciennement colonisé. Nicolas Sarkozy, le premier, s'est rendu à l'évidence de cette césure historique, même si les conséquences qu'il en a tirées sont contestables et, en tout cas, ne paraissent pas à la hauteur des enjeux. D'autant moins que la métamorphose simultanée des Français d'Afrique n'a pas encore trouvé de traduction politique. Sur les 210 000 citoyens français vivant en 2007 sur le continent le plus proche de l'Europe, la moitié était des binationaux, c'est-à-dire également des « Franco-Africains ». Un exemple chiffré : en 1984, sur un total de 70 500 Français inscrits dans les consulats sur la rive sud de la Méditerranée,

16 500 étaient des binationaux. « Un peu plus de vingt années plus tard, ils sont 63 000 sur 90 000, avec des proportions encore plus écrasantes si l'on prend en compte les seuls moins de 20 ans, presque tous nés sur le continent », relève l'hebdomadaire *Jeune Afrique*, qui a consacré la couverture de son numéro du 28 juin 2008 aux « nouveaux Français d'Afrique ». Avec cette conclusion sur ce que le journal appelle « une petite révolution » : « Pour la première fois, les Français d'Afrique ne sont plus majoritairement des expatriés mais des citoyens du pays où ils vivent et des métis culturels. A condition que la France officielle sache la saisir, c'est une vraie chance pour refonder sa relation avec le continent. » D'autant plus que la même dimension existentielle d'une nouvelle politique africaine se trouve déjà, à une échelle encore plus importante, en France.

6

Sarko plie les gaules

Rien, ou presque, n'est différent et, pourtant, tout a changé. Au bout du boulevard Valéry-Giscard-d'Estaing, la grande artère qui mène du centre-ville d'Abidjan à l'aéroport, on a toujours le choix entre les deux côtés, pile ou face, du complexe intégré « terminal-civil-et-base-militaire » qui est l'une des marques de fabrique de la France-Afrique : à gauche, la route mène à l'aérogare ; à droite, elle longe la base du 43ᵉ BIMa (Bataillon d'infanterie de marine), une institution plus vieille que l'indépendance de la Côte-d'Ivoire à laquelle elle a du reste survécu depuis 1960. Neuf mois après son accession à la souveraineté internationale, le 24 avril 1961, la Côte-d'Ivoire a signé un accord de défense avec l'ancienne métropole pour préciser le statut de ce qui avait été, auparavant, le camp Port-Bouët de « la Coloniale ». L'accord était régional et concernait également le Niger et l'ex-Dahomey, l'actuel Bénin. Il prévoyait, entre les parties contractantes, « toutes aides nécessaires à la défense et, en particulier, à la constitution, au stationnement, à la mise en condition et à l'emploi des forces de défense ». A cette fin, il accordait aux forces françaises « la libre disposition des installations militaires nécessaires aux besoins de la défense ». Depuis, des soldats français montent la garde aux abords de la piste d'Abidjan : prêts à intervenir, pour sauver un régime « ami » de la France ou, à tout le moins, prêts à sécuriser l'aéroport, en attendant l'arrivée de renforts. Cette mission n'a pas toujours été bien comprise, ni d'ailleurs bien exécutée. En 1999, quand le président Henri Konan Bédié, le successeur du « vieux » Houphouët-Boigny, a été renversé à la faveur d'un putsch militaire, la France n'est pas intervenue, se contentant d'évacuer le chef de l'Etat et sa famille. En revanche, quand le nord de la Côte-d'Ivoire est entré en rébellion, en septembre 2002, Paris a monté l'opération *Licorne* pour s'interposer entre les belligérants. Une « pacification » qui a été mal payée en retour par les partisans du président Laurent Gbagbo. Suspectant la France d'être de mèche avec les insurgés en raison de son refus de voler au secours du pouvoir en place, les « patriotes » ont assailli la forteresse du « néo-colonialisme français » : la base du 43e RPIMa a alors vu déferler sur son enceinte, hérissée de barbelés et surplombée de miradors, quatorze marées humaines de protestation.

Aujourd'hui, cela ne semble plus qu'un mauvais souvenir. Aux abords du camp, aucun dispositif de sécurité particulier ; à l'entrée, des contrôles qui n'ont rien de tatillon. Les employés locaux de la base passent et repassent, sans fouille, en exhibant leur badge, alors que les véhicules militaires franchissent la barre avec, à leur bord, des soldats qui ne sont ni casqués ni armés. « La Côte-d'Ivoire est redevenue une colonie de vacances », plaisante un Français qui a vécu le paroxysme de la tension, en novembre 2004, quand neuf militaires français et un nombre inconnu de civils ivoiriens – plusieurs dizaines – ont trouvé la mort dans les premiers affrontements « fratricides » de la France-Afrique. Aujourd'hui, les soldats français circulent de nouveau dans l'ensemble du pays, y compris dans le fief présidentiel de l'Ouest, pour des patrouilles mais, aussi, pour des « opérations de présence » : la réfection d'une école, la reconstruction d'un pont, une campagne de vaccination, voire du « ciné-brousse », avec un court-métrage sur l'opération *Licorne* en prélude au film… Encore une idée du « général Sarkozy », le surnom du commandant du 43e BIMa, le général Bruno Clément-Bollée, un ancien de l'état-major particulier du président Chirac à l'Elysée. Nommé en juillet 2007, dans la foulée de la victoire électorale de Nicolas Sarkozy, le nouveau chef des forces françaises en Côte-d'Ivoire a récolté les dividendes du « dégel » entre Abidjan et Paris. « Je ne suis pas sûr d'être objectif au sujet de Sarkozy, tellement on était allés loin dans la diabolisation avec Chirac, explique le président Gbagbo. Pour moi, il y a forcément rupture. Chirac s'était trompé de personne et d'époque. Il voulait un héritier de Houphouët-Boigny au pouvoir à Abidjan. A partir de là, avec Sarkozy, tout change fondamentalement. »

Encore faut-il reconnaître le changement quand il se produit. Dans la base française accolée à l'aéroport, le nouveau pavillon de commandement – avec une cour intérieure décorée de tirailleurs, grandeur nature, et de photos, à la fois plus modestes et plus modernes, de l'armée française en opération, le tout sur fond ocre – est le seul signe visible de la fin d'une époque. Ce jour, le 1er juillet 2008, tous les militaires français en Côte-d'Ivoire ont « basculé » dans l'opération *Licorne.* Pour marquer l'événement, le général Clément-Bollée a fait aménager ce qui deviendra, à une échéance rapprochée, le carré de l'état-major d'une base militaire… ivoirienne. Car, le 43e BIMa, c'est désormais fini, après presque un demi-siècle de services postcoloniaux. Après l'intégration de ses effectifs dans l'opération *Licorne,* la France n'est plus militairement présente dans son ancienne colonie – longtemps sa « vitrine » en Afrique de l'Ouest – que dans le cadre d'une opération extérieure (Opex), par définition temporaire. Aucun média français, pas une ligne dans un journal ni même une brève sur Radio France Internationale (RFI) n'a salué l'événement : la fin des forces « prépositionnées » à Abidjan. On ne peut pas en vouloir aux journalistes. L'armée française n'a guère communiqué sur le sujet, surtout pas à Paris. Et puis, on ne voit rien. La base est toujours là, et toujours tenue par des soldats français. Simplement, le contrat a changé. L'opération *Licorne* est en Côte-d'Ivoire avec un mandat de l'ONU. Elle constitue la « force de réaction » d'une opération de la paix des Nations unies, la MINUCI, qui doit mener le pays « postconflit » à des élections certifiées libres et équitables par la communauté internationale. Quand ? Nul ne le sait précisément. La – énième – date prévue pour aller aux urnes, le 30 novembre 2008, ne pourra pas être respectée, une fois de plus, le recensement des électeurs n'ayant pas même débuté. Mais l'échéance se rapproche désormais, le pays étant pacifié, le président Gbagbo cohabitant depuis mars 2007 avec l'ancien chef rebelle, Guillaume Soro, devenu Premier ministre d'un gouvernement d'union nationale et, surtout, la communauté internationale perdant patience. Les 8 000 casques bleus de l'ONU en Côte-d'Ivoire coûtent plus de 2,5 milliards de dollars par an. Leur maintien dans un pays où il n'y a plus de combats, et où le bilan de cinq ans de guerre civile larvée se limite – heureusement – à quelques centaines de victimes, ne saurait plus se justifier. Au Darfour, 9 000 casques bleus attendent désespérément des renforts pour en finir avec des massacres à grande échelle.

Bien qu'en tâtonnant, la France avance vers la sortie en Côte-d'Ivoire. Les effectifs de l'opération *Licorne* sont déjà passés de 4 200 militaires, en 2004, à 1 800 depuis février 2008 ; ce qui a ramené son coût de 250 millions d'euros par an à environ 100 millions. « Il y a un lien indéfectible entre *Licorne* et les casques bleus, explique le général Clément-Bollée. Après les élections, on va partir ensemble. Je pense qu'on pourra plier bagage en moins d'un an. » Sans avoir jamais – officiellement – demandé le retrait du 43ᵉ BIMa, le président Gbagbo s'en félicite : « Nous ne voulons plus d'armée étrangère sur notre sol. Nous devons assumer nous-mêmes la défense de notre pays, comme c'est normal pour un Etat souverain. » L'ancien président Henri Konan Bédié n'est pas de cet avis : « Moi, je regrette la fermeture du 43ᵉ BIMa, déclare l'héritier de Félix Houphouët-Boigny. Pendant quarante ans, les forces prépositionnées à Abidjan ont été un bouclier qui n'a jamais servi mais beaucoup stabilisé notre pays. Si la France part, d'autres vont venir à sa place. C'est du gâchis. Pourtant, la France aurait un rôle à jouer dans la formation de notre future armée. » Sans doute. Mais en même temps, quarante ans de coopération militaire franco-ivoirienne ont abouti au putsch de 1999, à une martingale de mutineries et, pour finir, à la rébellion du Nord. Aujourd'hui, les Forces armées nationales ivoiriennes (FANCI) sont entièrement à reconstruire. Du reste, est-il besoin d'une base permanente pour faire de la coopération militaire ? L'actuel chef de l'Etat ne le pense pas. « Nous allons négocier avec la France, en lieu et place de l'ancien accord de défense, un accord de coopération militaire – l'équivalent dans le domaine militaire de ce qu'on fait ensemble dans le domaine civil, un partenariat où chacun joue son rôle. »

Le 17 juin 2008, le gouvernement français a publié un *Livre blanc sur la Défense et la Sécurité nationale* qui fixe ses priorités stratégiques pour les quinze années à venir et, dans cette perspective, redéfinit le rôle de l'armée française et de ses implantations à l'étranger. Le constat de départ, au sujet de l'Afrique, est celui d'une continuelle érosion de son importance géopolitique pour la France. « Sur le continent africain, les effectifs des forces françaises s'élevaient à environ 30 000 hommes au début des années 1960 ; les forces prépositionnées comptaient environ 15 000 hommes à la fin des années 1980. De 1995 à 2007, parallèlement à la professionnalisation, le dispositif a été encore réduit, s'est adapté à l'organisation du continent en sous-régions et a vu la fermeture de quelques implantations [Bouar et Bangui, en Centrafrique]. Aujourd'hui, les forces françaises sont déployées sur sept pôles : quatre points d'appui, à Djibouti, au Sénégal, au Gabon et en Côte-d'Ivoire, un déploiement ancien, au Tchad, et trois opérations en cours, en Côte-d'Ivoire, en République centrafricaine et à la frontière tchadienne du Darfour. Le coût total, humain et financier, de ces déploiements, représente près de 10 000 hommes et 760 millions d'euros par an. » Pour compléter le tableau, on pourrait ajouter que la coopération militaire franco-africaine a été « démontée » depuis la fin de la guerre froide. Le nombre des coopérants en uniforme est ainsi passé de 925 à moins de 300. Au Tchad, il a même été divisé par six en moins de dix ans. Le budget de la coopération militaire est tombé d'une crête de 150 millions d'euros à 90 millions. Dans ce contexte, comme l'a noté le journaliste Philippe Leymarie dès novembre 2002 dans *Le Monde diplomatique,* l'appui qu'elle apporte au Renforcement des capacités africaines de maintien de la paix (RECAMP) « a pour l'armée française un effet rédempteur. En se plaçant sous l'égide des Nations unies et de l'Union africaine, il s'inscrit dans le droit-fil des efforts de prise en main des questions de sécurité régionale par les Africains ». Bref, un demi-siècle après la décolonisation, et après une quarantaine d'interventions militaires en Afrique depuis 1960, la France cherche à passer le témoin.

Le *Livre blanc* tire de son droit d'inventaire les conséquences suivantes : « La France procédera [...] à la conversion progressive de ses implantations anciennes en Afrique, en réorganisant ses moyens autour, à terme, de deux pôles à dominante logistique, de coopération et d'instruction, un pour chaque façade, atlantique et orientale, du continent, tout en préservant une capacité de prévention dans la zone sahélienne. Il s'agit de concentrer nos moyens tout en maintenant notre présence, là où elle est souhaitée, et une couverture stratégique des zones de prévention et d'action. Une importance accrue sera accordée aux moyens de surveillance aérienne et maritime à partir de ces points d'appui. » En clair : Paris va fermer toutes ses bases militaires en Afrique, sauf deux, l'une sur la façade atlantique, l'autre sur l'océan Indien. Dans le golfe de Guinée, le choix devra se faire entre Dakar et Libreville. Si la Commission sur le *Livre blanc*, présidée par le conseiller d'Etat Jean-Claude Mallet, est restée neutre à ce sujet, l'état-major des armées penche lourdement en faveur de la capitale gabonaise, d'où le rayon d'action aérien des forces françaises – 2 500 kilomètres – couvrirait l'Afrique des matières premières stratégiques, et notamment du pétrole, alors que Dakar ne permettrait de « couvrir » que le Sahel. Cependant, Dakar est la plus ancienne implantation française en Afrique et Libreville, aux yeux de beaucoup, « la capitale de la *Françafrique* »... Quoi qu'il en soit, l'échéance d'une décision est plus proche que ne le suggère le vague « à terme » dans le *Livre blanc*. Claude Guéant précise que « la décision de réduire l'implantation française en Afrique à deux bases doit être prise avant la fin du premier mandat de Sarkozy », soit à l'horizon de mai 2012.

Officiellement, aucun chef d'Etat africain ne s'accroche à la présence militaire de la France sur son sol. En même temps, sauf Madagascar en 1973, aucun pouvoir africain n'a jamais demandé le retrait des forces françaises prépositionnées. Sur près d'un demi-siècle, seulement trois pays africains – le Sénégal en 1974, le Tchad en 1976 et Djibouti en 2003 – ont renégocié les conditions d'accueil sur leur territoire d'une base tricolore. « Aujourd'hui, le dilemme c'est qu'aucun président africain ne veut être ni le premier ni le dernier à fermer une implantation française », estime un officier de l'état-major général des armées à Paris. Le président Omar Bongo affiche ainsi une sérénité d'autant plus belle qu'il se sait le mieux placé pour garder chez lui la dernière base française – actuellement 850 soldats – à l'ouest du continent. « La première fois que j'ai été reçu en audience par le président Sarkozy, je lui ai dit : "Si tu veux enlever la base à Libreville, préviens-moi un mois ou deux en avance." C'est tout. Je ne m'y suis jamais opposé. Pour moi, c'est simple : la France a mis sa base ici, et elle peut aussi l'enlever. Je ne me suis pas maintenu au pouvoir depuis quarante ans parce qu'il y avait une base française à Libreville. C'est la France qui avait besoin d'une base ici, pour ses opérations sur le continent. » Ce récit passe sous silence les émeutes de Libreville et, surtout, de Port-Gentil qui, en 1990, ont failli emporter le régime, finalement sauvé par le déploiement des forces françaises. Tout autant destinées à la galerie semblent les déclarations du président sénégalais Abdoulaye Wade : « Si le Gabon et Djibouti disent qu'ils ne veulent pas de ces bases, je peux vous assurer que le Sénégal ne sera pas le dernier pays à maintenir une base française en Afrique, a-t-il déclaré, le 23 mai 2008 à Dakar, en marge des cérémonies annuelles en hommage aux Tirailleurs sénégalais qu'il a instaurées sous sa présidence. Il ne peut pas y avoir d'agressions extérieures, j'ai beau réfléchir, je ne vois pas qui peut agresser le Sénégal. Et des accords de protection du chef de l'Etat ou de gouvernement, personnellement, je n'en ai pas besoin. Si cela existe, il faut les supprimer. Je suis suffisamment protégé par mon armée. » Ce qui n'empêche pas le fils du président, Karim Wade, de négocier parallèlement avec l'Elysée l'achat d'une centrale nucléaire dont la bonne garde nécessiterait le maintien d'un détachement militaire à Dakar.

Sur le flanc oriental de l'Afrique, la base française à Djibouti sera préservée. Mais, là aussi, « les conditions, les finalités et l'organisation de cette présence doivent évoluer », selon le *Livre blanc*. Car le nouvel « axe stratégique » autour duquel devront être réorganisés les points d'appui extérieurs de la France vise le Moyen-Orient et, au-delà, l'océan Indien, l'Afrique n'étant plus que d'une importance tangentielle. C'est dans ce contexte que s'inscrit l'ouverture d'une base à Abou Dhabi, la capitale des Emirats arabes unis. Bien que celle-ci soit appelée à accueillir seulement 400 à 500 soldats, le chef d'état-major particulier du président Sarkozy, l'amiral Edouard Guillaud, cité dans *Le Point* du 24 janvier 2008, parle d'une « petite révolution stratégique ». En effet, outre avec Abou Dhabi, Paris a signé avec le Qatar, en 1994, un accord de défense qui l'engage à se porter au secours du pays en cas d'agression extérieure. Claude Guéant emploie à bon escient le terme « repositionnement » en évoquant les changements prévus dans le *Livre blanc.* Djibouti deviendra la base arrière à l'appui de la présence française sur la péninsule arabe – et non pas l'inverse. Le seul avantage que l'Afrique tirera de la nouvelle implantation de l'armée française en dehors du continent sera symbolique. « Le fait que la France aura une base aussi ailleurs qu'en Afrique enlèvera le sceau d'infamie néo-coloniale à l'accueil de troupes françaises sur son sol », estime un colonel en poste à Paris. Une bien tardive réhabilitation alors que Paris solde son implantation militaire au sud du Sahara. Cette réorientation ne fait, du reste, pas l'unanimité. « Au moment où les Britanniques et les Américains cherchent à s'implanter en Afrique, nous, on en sort, vitupère un général français. C'est aussi incongru que l'était la suppression du ministère de la Coopération, en 1998, au même moment où la Grande-Bretagne se dotait d'un ministère plein. A cause de son vague à l'âme "françafricain", Paris agit à contretemps. Mais les problèmes de l'Afrique vont vite se rappeler à nous. D'ailleurs, on va les vivre dans nos cités. »

Les implantations françaises en Afrique sont une chose, les accords de défense et de coopération militaire que Paris a conclus, au fil du temps, avec trente pays du continent en sont une autre. Au sujet de cet entrelacs d'engagements (5 accords de défense, 2 accords de coopération en matière de défense et 23 accords de coopération militaire technique), Nicolas Sarkozy a annoncé sa volonté de coupes claires, et d'un « nouveau partenariat en matière de sécurité », dans le discours qu'il a prononcé le 28 février 2008 au Cap devant le parlement sud-africain. « Je ne dis pas que ces accords n'étaient pas à l'époque justifiés. Mais j'affirme que ce qui a été fait en 1960 n'a plus le même sens aujourd'hui. La rédaction est obsolète et il n'est plus concevable, par exemple, que l'armée française soit entraînée dans des conflits internes. [...] Les accords de défense entre la France et les pays africains doivent refléter l'Afrique d'aujourd'hui, et pas l'Afrique d'hier. Ils doivent reposer sur les intérêts stratégiques de la France et de ses partenaires africains. Je ne dis pas qu'il faille nécessairement faire table rase et tout effacer d'un seul trait de plume. Mais je dis que la France souhaite engager des discussions avec tous les Etats africains concernés pour adapter les accords existants aux réalités du temps présent et en tenant le plus grand compte de la propre volonté des pays africains. »

La volonté affichée par Nicolas Sarkozy de mettre à jour les engagements contractuels entre la France et l'Afrique en matière militaire n'est rien de moins que « révolutionnaire » aux yeux du président ivoirien. « Ce discours, je l'ai attendu depuis 1981, depuis Mitterrand ! s'exclame Laurent Gbagbo. Pour moi, c'est *le* discours de Sarko sur l'Afrique qui compte parce que, contrairement au discours de Dakar qui est idéologique, il a une vraie portée politique. Le Cap, c'est du concret, c'est un discours révolutionnaire par rapport au passé. » Cet enthousiasme permet de sonder, en creux, le rejet par l'ancien opposant de l'accord de défense signé en 1961. « C'est un mauvais accord, estime Laurent Gbagbo. Il constituait un parapluie de protection pour un régime à parti unique, une assurance vie, sans donner une vraie stabilité à notre pays parce que la stabilité qu'il instaurait était fondée sur la frayeur des populations. Il nous faut sortir de cette dépendance, pour bâtir une vraie stabilité. » Au pouvoir depuis 1967, Omar Bongo n'aborde pas du tout de la même manière la révision des accords que propose Nicolas Sarkozy. « Au moment de la conclusion des accords de défense, ceux-ci faisaient partie du "transfert des compétences" lié à la décolonisation à la française, fait-il remarquer. Oui, on dit que ces accords sont appliqués "à la carte". En fait, c'est une question d'intérêts : les intérêts de la France au Gabon ne sont pas les mêmes qu'ailleurs. Ça joue évidemment. » Mais il n'y a pas que la prime au pétrole, au manganèse et à l'uranium. Le président gabonais n'a pas apprécié que Nicolas Sarkozy pose un problème, qui regarde la seule « famille » franco-africaine, en Afrique du Sud. « Ce n'est pas au Cap qu'il fallait parler de ça ! fulmine-t-il. On n'a jamais discuté des accords de défense lors d'un sommet France-Afrique. Maintenant la France prend une initiative unilatérale. C'est là où le bât blesse : nous serons les suivistes, les béni-oui-oui noirs. C'est Sarkozy qui parle, qui dit tout et qui attend qu'on lui donne un chèque en blanc. Il aurait fallu qu'on se retrouve tous ensemble pour en parler. »

Ce n'est pas vraiment le « gagnant-gagnant » que Nicolas Sarkozy affectionne. Si la France ne dénonce pas les obligations qu'elle a contractées en Afrique, des procès d'intention « néo-colonialiste » continueront d'être instruits contre elle. C'est inévitable. Les accords en vigueur ne prévoient-ils pas, souvent dans des annexes qui n'ont pas été publiées dans le *Journal officiel*, une intervention française aussi en cas de « troubles intérieurs », un droit de préemption – en fait une mainmise – de Paris sur les « matières premières stratégiques » dans ses anciennes colonies et, dans le traité signé avec la Centrafrique et le Congo, un « accord de coopération en matière de politique étrangère » qui s'assimile à une tutelle géopolitique ? Le traité de défense signé, le 23 novembre 1960, avec Bangui et Brazzaville stipule par ailleurs : « Les forces armées de chacune des parties contractantes ont la faculté de circuler sur le territoire, dans l'espace aérien et dans les eaux territoriales des autres parties contractantes, d'organiser les exercices et manœuvres nécessaires à leur entraînement et d'utiliser l'infrastructure portuaire, maritime et fluviale, routière, ferroviaire et aérienne. » Mais, bien sûr, on a rarement vu des bâtiments de guerre centrafricains dans les ports français, des troupes congolaises patrouiller l'Hexagone ou des avions africains strier le ciel de Paris… Cependant, *a contrario,* dès lors que la France propose de renégocier les accords signés au moment des indépendances, on lui reproche d'ouvrir la boîte de Pandore. Le « dinosaure » Omar Bongo n'est pas le seul à le faire. « Qu'est-ce qu'ils nous demandent pour la révision de l'accord de défense ? s'interroge à son tour le général Bozizé, au pouvoir à Bangui depuis mars 2003. On ne peut même pas défendre la ville de Bangui. Alors, comment va-t-on défendre le pays ? On n'en a absolument pas les moyens. La France cherche à se cacher derrière des forces de paix africaines mais ces forces sont embryonnaires. Elle cherche aussi à se cacher derrière l'EUFOR, une force européenne dont elle est la principale composante. En fait, elle cherche à se cacher derrière son petit doigt. La France commence à tanguer, ça nous inquiète beaucoup. » Bien que sans excès de gratitude, le chef de l'Etat centrafricain parle en connaissance de cause. Par deux fois, en novembre 2006 puis en mars 2007, il a pressé Paris d'appliquer l'accord de défense parce que des rebelles dans le Nord-Est commençaient à marcher sur la capitale. « La première fois, la France a beaucoup hésité mais a finalement répondu à l'appel tout en restant dans un flou artistique total par rapport à ses engagements contractuels », témoigne un diplomate français en poste à Bangui. La deuxième fois, Paris n'avait plus le choix. Un petit détachement français ayant été encerclé par les rebelles à Birao, le chef-lieu de la province centrafricaine limitrophe du Darfour soudanais, l'état-major français a dû déclencher la plus importante opération aéroportée depuis le fameux saut des « paras » sur Kolwezi, en 1978. Un succès militaire, sans perte aucune, côté français ; mais une défaite politique dans la mesure où, à la suite de cette intervention, une centaine de soldats français se trouvaient « piégés » à Birao. C'est seulement avec l'arrivée de l'EUFOR, au printemps 2008, que Paris a pu « sortir de la nasse bilatérale », selon le même diplomate à Bangui, qui espère que « l'ONU prendra la relève en 2009, pour nous permettre de partir ».

Côté français, avant que Nicolas Sarkozy n'arrive à l'Elysée, les officiels avaient pris l'habitude d'évacuer le problème posé par les accords de défense en Afrique en qualifiant ces derniers de « caducs ». Evidemment, cette politique par prétérition n'avait aucune valeur juridique – ni un grand avenir. Les accords militaires sont « source de relations malsaines », reconnaît un ambassadeur en poste en Afrique. « En même temps, la remise en question de ces engagements est un signal qui inquiète les pouvoirs africains. » C'est le socialiste François Mitterrand, par ailleurs le président le plus interventionniste de la Ve République, voire « un maniaque de l'intervention militaire » aux yeux du gaulliste Pierre Messmer, qui avait pris le risque d'inquiéter les dirigeants africains en clarifiant publiquement un aspect majeur de la doctrine française. En juin 1990, en même temps qu'il exhortait l'Afrique d'aller « vers la démocratie », il avait déclaré aux participants au sommet France-Afrique de La Baule : « Il existe des conventions de caractère militaire. Je répète le principe qui s'impose à la politique française : chaque fois qu'une menace extérieure poindra, qui pourrait attenter à votre indépendance, la France sera présente à vos côtés mais notre rôle à nous, pays étranger, fût-il ami, n'est pas d'intervenir dans des conflits intérieurs. Dans ce cas-là, la France, en accord avec les dirigeants, veillera à protéger ses concitoyens, ses ressortissants, mais elle n'entend pas arbitrer les conflits. » Par la suite, le sujet était devenu un anathème ou, plus précisément, une tartufferie. Dans son rapport d'information publié en 2006, la Commission sénatoriale des Affaires étrangères, de la défense et des forces armées sur la gestion des crises en Afrique subsaharienne a ainsi résumé l'audition des responsables de l'armée française : « Les autorités militaires françaises entendues par vos rapporteurs ont toutes fait valoir que le rapport coût/avantage d'une dénonciation ou d'une renégociation de ces accords [de défense ou de coopération militaire en Afrique] ne serait pas à l'avantage de la France, ce qui n'empêche pas une évolution »...

L'évolution que les autorités françaises appelaient alors de leurs vœux se reflétait dans les têtes de chapitres du même rapport sénatorial. Il y était question de « multilatéralisation » et de « régionalisation », de la « recherche d'un partage des tâches », de l'ONU comme « source de légitimité indispensable », de l'Union européenne comme « acteur nouveau pour la sécurité en Afrique » et, enfin, d'une « appropriation africaine » de la sécurité collective du continent. Le tout était décrit comme « une démarche par le haut » pour la France – le mot « sortie » étant, et restant toujours, tabou. Mais, au moins, une perspective d'avenir était tracée. Un colonel très impliqué dans ces débats justifie ce qui ressemble à une stratégie de retrait en bon ordre : « La France a du mal à scanner ses intérêts, à dire clairement aux Africains ce qu'elle vient chercher chez eux. Or, il nous faut quitter les yeux dans les yeux le bilatéral et miser sur le multilatéral, sans se faire d'illusions sur les institutions régionales en Afrique, qui sont loin d'être parfaites. Simplement, il faut passer par là, de la même façon qu'il faut passer, de notre côté, par l'Europe. Ce n'est même pas un choix, c'est une logique comptable. La France n'a plus les moyens de sa présence en Afrique. » L'idée était de sortir du tête-à-tête postcolonial avec l'Afrique francophone. Le même colonel français en donne un exemple : « D'une rencontre avec le

CEMA [chef d'état-major des armées] éthiopien, je ramène une page de notes, et il me dit d'entrée de jeu : “La présence française dans la Corne de l'Afrique est capitale pour nous.” En revanche, d'une rencontre avec le CEMA gabonais, je ramène trois lignes – il ne me dit rien que je ne sache déjà. »

En janvier 2005, s'adressant aux 1 250 hommes du 23e BIMa basé à Dakar, Jacques Chirac avait fait sienne l'idée d'une sortie « par le haut » des forces prépositionnées en Afrique. Un conseil de défense à Paris avait ensuite entériné la décision de venir en appui à l'Union africaine pour la mise en place de quatre brigades de forces africaines de la paix avant 2010 – une date qui, depuis, a dû être repoussée à 2012, sinon 2014. Cette architecture de sécurité s'appuyait sur quatre régions : l'Afrique de l'Ouest, la Corne et la partie orientale du continent, l'Afrique centrale et, enfin, l'hémisphère Sud. La France paraissait bien placée pour accompagner, sur le terrain, une « indigénisation » des tâches de défense et de sécurité soutenue par tous les bailleurs de fonds et par les Nations unies. Elle disposait en effet d'une implantation dans chacune des régions, grâce à ses bases à Dakar (ouest), Libreville (centre), Djibouti (est) et à la Réunion, où des « forces de souveraineté » pouvaient également assurer le relais. C'est d'ailleurs en Afrique australe que l'ancien « gendarme de l'Afrique », d'abord accueilli avec beaucoup de suspicion, s'est finalement fait le mieux accepter dans son nouveau rôle, au détriment d'un partenariat militaire avec les Etats-Unis ou la Grande-Bretagne qui, *a priori*, aurait paru bien plus vraisemblable. Mais l'intégration d'officiers de liaison africains dans les états-majors régionaux français, qui étaient également appelés à s'européaniser de plus en plus, a au moins entamé les réticences initiales. D'autant que la France, dans son désir de rendre la présence de ses troupes sur le continent – selon un adepte de cette stratégie – « incontestable et incontestée », s'appuyait sur trois piliers : 1) un volet opérationnel qui avait fait ses preuves pendant la guerre froide et après ; 2) une coopération technique désormais réorientée sur des missions de développement, sur le modèle du Service militaire adapté dans les DOM-TOM français ; 3) une aide d'urgence, notamment en cas de catastrophe naturelle, qui mettait les moyens militaires de projection au service des gens en détresse et des agences humanitaires. « Bien sûr, tout cela était loin d'être parfait, pas plus de notre côté que du côté de l'Union africaine et des organisations régionales, reconnaît un général français qui était très impliqué dans ces efforts de reconversion. Mais il n'y a pas d'alternative à cette politique de présence. La seule autre option, puisque la France ne peut plus assumer toute seule la sécurité collective du continent, c'est tout laisser tomber. »

Le reproche de « brader » l'implantation historique de la France en Afrique est fait à Nicolas Sarkozy, d'autant plus facilement que le président entretient des relations difficiles avec l'armée (certains officiers rappellent, avec malice, qu'il a effectué son service militaire dans une base aérienne du 15e arrondissement de Paris, dans un groupe rapide d'intervention chargé du nettoyage). Selon un général de l'état-major des armées, le président « démolit » en Afrique le dispositif patiemment mis en place depuis 2005. « Les officiers français dans les états-majors africains ont été retirés à l'été 2007. Le général français délégué auprès de l'Union africaine termine son mandat en septembre 2008 – et ne sera pas remplacé, fait-il valoir. Ce n'est pas une rupture, c'est de l'incohérence : d'un côté, la politique africaine de Sarkozy est plus "françafricaine" que jamais ; de l'autre, elle est si outrageusement atlantiste, si obnubilée par l'idée de devoir suivre les Américains au Moyen-Orient, qu'elle brade une politique de présence postcoloniale vieille d'un demi-siècle. » Ce n'est pas l'analyse d'un colonel, également en poste à Paris, pour qui « Sarkozy assume simplement les changements déjà intervenus en Afrique et les pousse plus loin. Pour lui, notre distance prise par rapport à l'Afrique n'est pas un problème, au contraire. En même temps, il sait qu'il ne peut pas passer par la fenêtre cent cinquante ans d'histoire partagée ». A l'appui de sa thèse, il cite le *Livre blanc,* qui assigne à l'Afrique le « premier rang dans notre stratégie de prévention pour les quinze ans à venir ».

Un autre colonel, indécis quant aux « intentions réelles » de Nicolas Sarkozy, invoque en guise d'illustration de la « la pente naturelle entre la France et l'Afrique » trois générations successives de militaires : « L'officier d'état-major avant moi avait passé quinze à vingt ans en Afrique ; moi-même, j'y ai passé six ans ; l'officier de la prochaine génération n'aura passé au cours de sa carrière qu'un an ou deux en Afrique. Est-ce vraiment dramatique ? » Non, bien au contraire, puisque le « drame » est ailleurs : il réside dans une si longue présence de la France en Afrique qui ait porté si peu de fruits. A qui la faute ? A l'Afrique ou aux avatars d'une « mission » qui se voulait au départ « civilisatrice », puis une « coopération », et qui n'a jamais touché au but de ce « partenariat équilibré » qu'exaltent les discours de dimanche ? Il y a sûrement de bonnes raisons pour expliquer le non-avènement d'une vraie relation de pair à compagnon. Mais ces raisons n'importent plus entre la France et l'Afrique. Car, quelles qu'elles soient, il est trop tard. Après cinquante ans soldés par l'échec, les militaires français ne pourront pas bâtir une fraternité d'armes au milieu d'un champ de ruines.

7

Sarko et son jazz band

« L'Arche de Zozo, c'est l'histoire d'une action humanitaire dévoyée... euh, je veux dire : l'Arche de Zoé – mais ce lapsus est révélateur. » Au « Grand rendez-vous Europe 1-TV5-*Le Parisien* » dont il est l'invité ce dimanche 4 novembre 2007, le ministre des Affaires étrangères, Bernard Kouchner, est prêt à tout – y compris à ce lapsus de communicant – pour prendre ses distances avec l'action de cette association. Etrangement silencieux sur cette affaire qui fait l'ouverture des journaux télévisés et la une de la presse, le chef de la diplomatie française s'exprime alors pour la première fois.

Depuis le 25 octobre, neuf Français – les six membres de l'Arche de Zoé et les trois journalistes qui les accompagnaient – ainsi que quatre hôtesses de l'air espagnoles et un pilote belge sont en prison au Tchad. Interpellés à Abéché, dans le nord-est du pays, alors qu'ils allaient embarquer 103 « orphelins du Darfour » vers la ville de Vatry (Marne) en France, ils sont inculpés d'« escroquerie » et de « trafic d'enfants ». Plusieurs membres de cette association ont justifié leur action en se revendiquant du célèbre *French doctor*, leur « modèle ». Le 20 mars 2007, la plupart d'entre eux étaient d'ailleurs présents au meeting pour le Darfour à la Mutualité où Bernard Kouchner avait dénoncé le « génocide » en cours dans cette partie du Soudan, grand comme la France. Aussi, Rony Brauman, qui lui avait succédé à la tête de Médecins sans frontières (MSF), avait-il par la suite reproché à Bernard Kouchner « une responsabilité morale » dans cette affaire, et son mutisme. Pourtant, ce dimanche face aux journalistes, si Kouchner sort de sa réserve, ce n'est pas pour relancer le débat avec son frère ennemi de l'humanitaire. C'est plutôt parce que, à l'heure où il est devant le micro d'Europe 1, « son » président, Nicolas Sarkozy, va atterrir sur l'aéroport militaire de Vélizy-Villacoublay avec les trois journalistes français que le chef de l'Etat est lui-même allé « libérer » à N'Djamena.

Du début à la fin de cette affaire, la cacophonie au sein du gouvernement français est totale. Dans un premier temps, le président condamne l'opération de l'Arche de Zoé qu'il juge « illégale et inacceptable ». Il apporte un soutien sans réserve au président Idriss Déby. Ce blanc-seing de l'Elysée est immédiatement instrumentalisé par le chef de l'Etat tchadien pour rebâtir la légitimité nationale qui lui fait défaut. Avec les « orphelins soudanais » autour de lui – qui possèdent en fait des parents, qui plus est tchadiens –, il organise une conférence de presse pour dénoncer un « trafic pur et simple », voire des « prélèvements d'organes » et des actes de « pédophilie » ! Un vrai boomerang à destination de Paris qui lui avait reproché, en tête à tête puis dans une lettre signée de Michèle Alliot-Marie, alors à la Défense, de recruter massivement des enfants-soldats. Mais à présent, Nicolas Sarkozy prend des gants avec le président Déby et avec la « justice tchadienne indépendante », le déploiement dans l'est du Tchad de l'EUFOR, la force européenne de 3 200 hommes, étant imminent. Près des deux tiers de ses effectifs sont des soldats français. Un grand drapeau tricolore avec un petit carré étoilé européen cousu sur la bande blanche… D'où aussi le silence radio de Bernard Kouchner, qui ne tient pas à compromettre l'affaire qui lui tient à cœur, à savoir l'intervention de l'EUFOR, en se mêlant de l'étrange épopée de « l'Arche de Zozo ».

En partie, sans doute, en raison d'une forte mobilisation confraternelle à Paris en faveur des journalistes emprisonnés, Nicolas Sarkozy, trois jours plus tard, change de stratégie. Il multiplie alors les appels téléphoniques au président Idriss Déby, avant de sauter dans un avion, le dimanche 4 novembre, pour aller lui-même chercher les journalistes français à N'Djamena. Il récupère également les hôtesses de l'air espagnoles. Après deux petites heures sur place, il regagne Paris le même jour après avoir débarqué les hôtesses à l'aéroport militaire de Torrejon, près de Madrid, sous les vivats du chef du gouvernement espagnol, José Luis Zapatero. Sur l'avenir de l'équipe des six bénévoles de l'Arche de Zoé, dont le chef de file est Eric Breteau, Nicolas Sarkozy s'est aussi fait une nouvelle religion. Après avoir estimé qu'ils pouvaient être jugés au Tchad, il se dit maintenant prêt « à chercher ceux qui restent, quoi qu'ils aient fait. […] Le rôle du président est de prendre en charge tous les Français ». Il ajoute cette réserve : « Mais la justice tchadienne a ses procédures et ses calendriers, et la France les respecte. » Une bonne manière qui ne résiste pas aux tentations interventionnistes. Un magistrat tchadien déclare, le 10 novembre, à un journaliste de l'AFP : « On nous a demandé, dès samedi, d'accélérer la procédure pour libérer les journalistes, dimanche. Les ordres sont arrivés du sommet de l'Etat. »

La suite de l'affaire de l'Arche de Zoé est ficelée entre les deux présidents, le 8 décembre 2007, à Lisbonne, en marge du sommet Union européenne-Union africaine. Condamnés à huit ans de travaux forcés par la justice tchadienne, le 26 décembre, les apprentis humanitaires sont ensuite extradés vers la France pour y purger une peine de huit ans de prison ferme, confirmée par le tribunal de Créteil, le 28 janvier 2008. Mais ils sont graciés par le président Déby en mars 2008, après que la France lui eut sauvé la mise, la première semaine de février, contre des rebelles entrés dans N'Djamena et arrivés jusqu'aux marches de son palais. Le dossier judiciaire l'Arche de Zoé part ainsi en eau de boudin. Mais non sans que l'Elysée ait fait passer à la vitesse d'un rezzou, devant la Commission interministérielle d'exportation des matériels de guerre (CIEMG), qui siège au Quai d'Orsay, un contrat de livraison au Tchad d'une centaine de missiles *Milan,* avec 20 postes de tirs, en attendant la fourniture de missiles *Eryx*, conçus pour des combats urbains.

L'affaire de l'Arche de Zoé, qui a passionné la France pendant plusieurs mois, a été un cruel révélateur du fonctionnement de l'improbable équipe de Nicolas Sarkozy travaillant sur l'Afrique. Un jazz band comme on n'en a jamais connu. Pendant que Bernard Kouchner était aux abris, c'est la secrétaire d'Etat chargée des droits de l'homme, Rama Yade, qui a accompagné le président français à N'Djamena. Au tout début, elle était d'ailleurs la seule à s'exprimer sur ce dossier, en démontrant qu'elle avait bien averti ses collègues pour empêcher l'opération. Le 1er août 2007, sa directrice de cabinet, Brigitte Collet, avait en effet envoyé à son homologue de la justice, Patrick Gérard, une lettre pour « alerter sur l'annonce du transfert vers le territoire français de 250 à 1 000 enfants de moins de cinq ans rapatriés de la zone du Darfour (Soudan) et proposés à l'adoption ou à l'accueil à des familles françaises par l'association loi de 1901 l'Arche de Zoé, qui présente l'opération comme imminente. Cette opération, si elle venait à être réalisée, se déroulerait en toute illégalité au regard des conventions internationales ». Mais rien ne s'était passé. Sur le terrain, les sapeurs pompiers volontaires de Children of Rescue, le nom sous lequel l'Arche de Zoé intervenait au Tchad, avaient poursuivi l'opération d'ingérence humanitaire. Du côté du ministère de la Défense, Hervé Morin s'est ensuite autoamnistié en soutenant que l'armée française « a fait son travail et a respecté les procédures : l'armée française a obtenu du ministère tchadien de l'intérieur l'autorisation pour l'ONG de circuler sur le territoire pour mener des opérations humanitaires au profit d'enfants soudanais réfugiés ». En somme, c'était la faute aux Tchadiens ! Le 3 novembre 2007, le Premier ministre François Fillon a tout de même demandé à Bernard Kouchner et Hervé Morin d'enquêter dans leurs services pour « connaître les circonstances dans lesquelles cette association a pu dissimuler sur le terrain son identité et ses agissements aux services de l'Etat, notamment ceux de l'ambassade au Tchad ». On attend toujours la publication des résultats de cette recherche officielle de dysfonctionnements.

A la formation du premier gouvernement Fillon, le 18 mai 2007, un observateur africain très au fait de la vie politique française s'était amusé : « Les Français d'Afrique qui ont voté Ségolène Royal doivent être contents : Sarko leur a offert un ministre et un secrétaire d'Etat socialistes pour gérer le continent, Bernard Kouchner et Jean-Marie Bockel. Même la secrétaire d'Etat UMP, Rama Yade, a un pied dans le camp socialiste, avec son mari, Joseph Zimet, qui est au cabinet de Bockel. » Ce que l'observateur africain feignait d'ignorer : cette équipe était là pour des concerts de jazz de politique intérieure, et non pas pour chanter des gospels africains. Le *French doctor* au saxophone, le colonel de réserve Bockel à la trompette et Rama Yade à la contrebasse. Partitions et musiques étaient plus que jamais écrites sous les lambris de l'Elysée, avec un seul chef d'orchestre, Nicolas Sarkozy, et son secrétaire général, Claude Guéant, à la régie. Du reste, le président avait confié la batterie, pour donner le rythme, à l'un de ses proches, bien à droite : Brice Hortefeux, ministre de l'Immigration, de l'Intégration, de l'Identité nationale et du Développement solidaire. Ce dernier avait aussitôt récupéré les services stratégiques des Français de l'étranger et des étrangers en France, à travers les services consulaires, qui étaient auparavant sous la tutelle du Quai d'Orsay. La formation des cabinets des uns et des autres a été orchestrée, non pas à Matignon mais, là encore, à l'Elysée, avec Claude Guéant à la baguette. La cellule diplomatique de l'Elysée, dirigée par Jean-David Lévitte, et la « cellule africaine », confiée à l'un de ses adjoints, Bruno Joubert, n'allaient pas laisser beaucoup d'espace au ministre d'« ouverture » Bernard Kouchner. « Il n'y a pas de rivalité entre l'Elysée et le Quai d'Orsay mais un partage des rôles par rapport à la nature de l'action de chacun, affirme-t-on à l'Elysée. Kouchner est un peu le ministre compassionnel, très visible, dans l'urgence, le court terme. A l'Elysée, nous travaillons plus dans la durée, sur le fond. Par cette division des tâches s'explique aussi le rôle d'Eric Chevallier [le conseiller spécial de Bernard Kouchner], qui fonctionne en effet un peu "hors administration", en électron libre rattaché seulement au ministre. »

Sans doute pour lui garantir plus de légèreté encore, Bernard Kouchner a eu le droit de placer seulement trois de ses proches à des postes de son choix. D'abord, Eric Chevallier comme « conseiller spécial pour les crises et les conflits », fonction qu'il cumule, depuis le 11 juin 2008, avec celle de porte-parole du Quai, « pour diffuser en VO le message du ministre », selon un chef de service de la maison. Ensuite, Jean-Maurice Ripert comme ambassadeur aux Nations unies, un poste présenté comme une « compensation », l'intéressé ayant été barré comme directeur de cabinet du ministre des Affaires étrangères par Claude

Guéant. Le secrétaire général de l'Elysée estimait que l'ancien conseiller diplomatique de Lionel Jospin ne pouvait être nommé à ce poste : l'ouverture avait ses limites. Enfin, Eric Danon a été nommé ambassadeur à Monaco puis à Genève. Enarque, agrégé de sciences physiques, ancien des cabinets de Roland Dumas et de Charles Josselin, cet ami diplomate de Bernard Kouchner n'aura tenu que sept mois sur le Rocher. Ses relations détestables avec le ministre d'Etat de la Principauté, Jean-Paul Proust, ancien préfet de police de Paris et proche de Claude Guéant, seraient à l'origine de son départ. Il a été remplacé à Monaco par Odile Remik-Adim, qui avait été nommée ambassadeur en république d'Azerbaïdjan, en octobre 2007. Eric Danon, pour sa part, représente la France, depuis le 26 mars 2008, à la Conférence du désarmement à Genève, avec rang d'ambassadeur.

Avant d'entrer au gouvernement, Bernard Kouchner avait collaboré avec Eric Danon et Jacques Baudouin, son biographe et actuel conseiller en communication, au sein de trois bureaux d'études associés, tous sis sur le boulevard Saint-Germain, à la hauteur de l'Odéon : BK Consultants, Africa Steps et International Medical Alliance (IMEDA). En 2001, Eric Danon s'était mis en disponibilité du Quai d'Orsay pour travailler comme consultant. Grâce au carnet d'adresses de Bernard Kouchner, il avait obtenu, directement auprès des chefs d'Etat africains du Congo, du Gabon et du Niger, des contrats pour des programmes de lutte contre le sida, voire pour l'amélioration des systèmes de santé publique dans leur totalité. Ces anciennes relations d'affaires avec les palais ne facilitent pas toujours les rapports de l'actuel ministre avec les dirigeants africains. « Si Kouchner n'était pas entré au gouvernement, il aurait été notre employé deux mois plus tard, comme consultant pour notre système de santé, prétend ainsi un conseiller du président tchadien Idriss Déby.

Au sein des gouvernements Fillon, couacs, bémols et reniements font très vite trembler les pampilles des lustres du Quai d'Orsay. En juillet 2007, Bernard Kouchner signe l'Accord de coopération dans le domaine de la défense et du partenariat industriel de défense avec la Libye. Il y est question de fourniture de matériel et d'entraînement des forces spéciales de Muammar Kadhafi – le « négationniste » qui avait ramené le génocide du Darfour à « une bagarre autour d'un chameau ». Dans l'accord conclu avec Kadhafi, la France reconnaît au colonel, pour la première fois, un droit de regard sur les confins sahéliens au sud de la Jamahiriya, en particulier dans les pays de la Communauté des Etats sahéliens et sahariens (Censad) dont Kadhafi est le parrain. Dans cette vaste région, jadis sous le contrôle d'une puissante confrérie rayonnant depuis la Libye actuelle, la *Sanûsiyya,* Kadhafi rêve depuis longtemps de bâtir un empire sur les ruines du colonialisme européen, du Darfour au Mali.

Après avoir signé avec le colonel Kadhafi, Bernard Kouchner boycotte, à la fin de l'année 2007, la visite tapageuse du « guide » en France et, notamment, un dîner officiel en l'honneur du chef de la Jamahiriya, dont il juge les propos sur les droits de l'homme « pitoyables » tout en soutenant qu'il est « essentiel » d'accompagner « l'évolution de la Libye »... La secrétaire d'Etat aux Droits de l'homme, Rama Yade, à cette occasion moins alambiquée, tient à faire savoir, le 10 décembre 2007, que « notre pays n'est pas un paillasson sur lequel un dirigeant, terroriste ou non, peut venir s'essuyer les pieds du sang de ses forfaits. La France ne doit pas recevoir ce baiser de la mort ». Elle se fait tancer par l'Elysée mais prend seize points de plus dans les sondages de popularité. Née au Sénégal, ayant adhéré à l'UMP en 2005, Rama Yade a été promue, dès mars 2006, secrétaire nationale chargée de la francophonie. Un météore de la galaxie Sarkozy, avec Rachida Dati, l'actuelle ministre de la Justice. « Rama », comme l'appellent les médias, est propulsée sur le devant de l'estrade lors de l'investiture du candidat à la présidentielle de l'UMP. Elle s'en prend alors au parti socialiste et aux élites de gauche « sans projet, sans idée et sans vision », qui veulent instaurer une « République du guichet » en accordant aux enfants de l'immigration « de la pitié plutôt que du respect ».

Administratrice au Sénat, elle a été secrétaire exécutive du groupe d'amitié France-Afrique de l'Ouest. Cependant, depuis son entrée au gouvernement, elle n'a jamais exercé son magistère des droits de l'homme – qui devait être « au cœur de la politique étrangère de la France » promise par le candidat Sarkozy – envers les pouvoirs en place au sud du Sahara. La secrétaire d'Etat a été également moins en flèche que sur la Libye dans ses déclarations à Tunis, à l'occasion du voyage officiel du président qu'elle accompagnait, le 30 avril 2008. Elle a même annulé, à la dernière minute, un rendez-vous avec l'Association tunisienne des femmes démocrates. Sur la tonalité politique de ce voyage, c'est alors Bernard Kouchner qui a fait la leçon : « La déclaration du président affirmant que "l'espace des libertés progresse" en Tunisie a été maladroite », a déclaré le patron du Quai d'Orsay. L'Elysée a laissé passer. *No comment*, aussi, lorsque Bernard Kouchner s'est plaint, dans les colonnes du *New York Times*, du parasitage de sa diplomatie, notamment au Liban et en Syrie, par Claude Guéant, qui manquerait d'« expérience ». Ou encore, quand le ministre a jugé, dans un entretien à *Sud-Ouest* en juillet 2008, « avec une certaine sévérité » le discours de Dakar, écrit par la « plume » du président, Henri Guaino. Apparemment, à la présidence de la République, on estime que le caractère répétitif des dissonances relativise la perte de crédibilité de la diplomatie française.

A l'exception notable du Darfour, le seul dossier africain que Nicolas Sarkozy ait confié à Bernard Kouchner est celui du Rwanda. Sans doute parce qu'il était sans espoir. Kigali a rompu ses relations diplomatiques avec la France en novembre 2006, après que le juge Jean-Louis Bruguière eut accusé neuf proches du général-président Kagamé d'être à l'origine de l'attentat du 6 avril 1994 contre l'avion de l'ancien président Juvénal Habyarimana. Le 8 décembre 2007, Bernard Kouchner organise entre Nicolas Sarkozy et Paul Kagamé une rencontre de réconciliation – de quelques minutes – à Lisbonne, en marge du sommet Union européenne-Union africaine. A la sortie du petit salon où les deux délégations s'étaient retirées, le ministre français saute au cou du président rwandais qui parle toujours de son « bon ami » Kouchner. Les deux hommes avaient noué des liens pendant le génocide, alors que Paul Kagamé commandait la rébellion tutsie du Front patriotique rwandais (FPR). Dans la foulée de Lisbonne, le ministre se rend à Kigali, le 26 janvier 2008. Au cours d'une conférence de presse commune avec le président rwandais, Bernard Kouchner répond, à une question sur le rôle de la France du temps de l'ancien président Habyarimana : « C'était certainement une faute politique. On ne comprenait pas ce qui se passait. » Puis, il avait immédiatement ajouté : « Mais il n'y a pas de responsabilité militaire. »

Cette déclaration déclenche la colère d'Alain Juppé, ministre des Affaires étrangères au moment du génocide. L'actuel maire de Bordeaux écrit sur son blog : « La diplomatie française ne devrait pas s'écarter de la voie de la vérité et de la dignité. Je comprends bien que la France veuille se réconcilier avec le Rwanda. Mais de là à tomber dans les amalgames de la repentance ou les compromissions de la "Realpolitik", il y a un fossé. On nous dit qu'au Rwanda, la France aurait commis une "faute politique". C'est trop ou trop peu. De quelle faute s'agit-il ? Il faut l'expliquer ! » Premier ministre à l'époque, Edouard Balladur tient également à faire savoir qu'« il n'y a pas eu de faute politique de [son] gouvernement ». Nicolas Sarkozy est obligé d'appeler Edouard Balladur et Alain Juppé pour les calmer en leur assurant qu'ils n'étaient nullement visés par les propos du *French doctor*. Pour ajouter au tumulte intérieur, Hubert Védrine, secrétaire général de l'Elysée en 1994 et frère ennemi socialiste de Bernard Kouchner, s'est déclaré « complètement d'accord », lui aussi, avec Alain Juppé. « Au Rwanda, il n'y a pas eu de faute politique, il y a eu une faute d'évaluation technique. On a tenté d'éviter le retour des massacres grâce aux accords d'Arusha [signés en août 1993 entre l'Etat rwandais et le Front patriotique rwandais], mais on a sous-estimé les tentations des extrémistes des deux bords, contre lesquels il nous aurait fallu davantage de moyens de pression », explique Hubert Védrine. Le voyage de Bernard Kouchner à Kigali n'aura finalement servi qu'à ajouter à la confusion de la politique africaine de la France. Ce dont s'est également rendu compte le président Kagamé. Son « bon ami » Kouchner ne faisant pas le poids, à Paris, pour faire pencher la balance en faveur d'une repentance française, le Rwanda rend public, le 5 août 2008, le rapport d'une commission d'enquête parlementaire, qui accuse la France d'avoir « participé à la mise en exécution » du génocide de 1994. Ce rapport réclame la poursuite judiciaire de treize hauts responsables politiques français, dont Edouard Balladur, Alain Juppé, Hubert Védrine, ainsi que de vingt chefs militaires français. Il faut vingt-quatre heures au Quai d'Orsay pour réagir et rejeter en bloc, par la voix de son porte-parole adjoint, Romain Nadal, les accusations rwandaises de participation française à l'extermination des Tutsi.

Le 15 juin 2008, Bernard Kouchner se rend en Côte-d'Ivoire. Il avait déjà fait une première tentative d'aller à Abidjan, peu après sa prise de fonctions, mais s'était alors heurté à un refus de dernière minute de la part de l'Elysée. Se trouvant déjà à Ouagadougou, au Burkina Faso voisin, il avait dû rebrousser chemin, bredouille. La deuxième tentative aurait donc pu être d'autant plus significative. Mais, selon Laurent Gbagbo, cela n'a pas été le cas. « Kouchner ne dirige pas vraiment un ministère. On ne lui a donné qu'un portefeuille et un cabinet, estime le président ivoirien. Quand il est venu me voir, j'ai reçu un émissaire de l'Elysée avant et après sa visite pour m'expliquer qu'il ne fallait pas tenir compte de ce que Kouchner disait – parce que ce n'était pas lui qui engageait la France. On n'a donc échangé que des parisianismes quand on s'est vus, en parlant de sa femme, Christine Ockrent, du parti socialiste, etc. » Deux sources diplomatiques françaises, l'une à Abidjan, l'autre à Paris, confirment l'envoi d'un émissaire de l'Elysée, avant et après la visite de Bernard Kouchner.

Non seulement le patron du Quai d'Orsay n'est pas la voix de la France mais, derrière sa haute figure médiatique, le ministère des Affaires étrangères est remis en question et, déjà, privé de moyens. Chargée du volet « action extérieure de l'Etat » dans le cadre de la Révision générale des politiques publiques, Nathalie Delapalme s'interroge sur « l'avenir des affaires étrangères en tant que ministère », tous les autres ministères étant aujourd'hui « mondialisés avec un département des relations extérieures ». Nicolas Sarkozy n'a pas choisi par hasard l'ancienne conseillère Afrique de trois ministres des Affaires étrangères, Dominique de Villepin, Michel Barnier et Philippe Douste-Blazy. N'appartenant pas, de par son corps d'origine, « à la maison », et travaillant avec beaucoup d'autonomie par rapport à l'administration, Nathalie Delapalme avait suscité un phénomène de rejet au sein du Quai d'Orsay. Depuis, le ministère a perdu beaucoup de sa superbe. Entre 1997 et 2002, 11 pour cent de ses effectifs ont été comprimés, et la suppression de 700 postes supplémentaires (sur 16 000 au total) est prévue avant 2011. Particulièrement touchée est la Délégation générale de la coopération internationale et du développement (DGCID), qui perd 350 agents au profit de l'Agence française de développement (AFD). La nouvelle direction ne sera plus qu'un état-major de « pilotage », avec 150 agents.

Remis en question quant à sa mission et son utilité, également déboussolé à l'intérieur, le Quai d'Orsay en est arrivé à l'introspection sur « la politique africaine de la France ». Le « Département », comme les diplomates appellent en interne le ministère, a adressé un questionnaire à ses ambassadeurs en poste sur le continent pour obtenir « un point de vue du terrain ». D'un peu moins de trois pages, le télégramme diplomatique de synthèse, signé du directeur Afrique, Jean de Gliniasty, est un état des lieux sans les traditionnels « éléments de langage » propres à la diplomatie. L'image de la France apparaît « brouillée » bien que « moins négative qu'on ne pourrait le croire en Afrique anglophone ». Chez les « plus modérés » des francophones, « une impression d'être délaissés, voire de ne pas être payés en retour par une France en repli (immigration, visas, réduction de l'aide, traitement des anciens combattants), domine avec pour corollaire le risque réel que les jeunes générations se détournent de la France pour rejoindre de nouveaux partenaires ». Les entreprises françaises auraient « trop tendance à s'endormir sur leur capital historique, privilégiant le retour sur investissement rapide à la vision à long terme ». Elles constitueraient cependant « un socle solide pour saisir les nouvelles opportunités d'investissements » et sauraient aussi « résister aux crises » comme en Côte-d'Ivoire. La nostalgie de la « plus grande France » est présente à chaque ligne de ce document et suscite de la part de « l'écrasante majorité des postes » la demande d'un retour à « l'aide bilatérale que nous sommes mieux à même d'orienter et dont nous retirerions une plus grande influence ». Plusieurs postes estiment même que l'Union européenne, premier contributeur de l'Afrique, « n'est plus une alternative crédible à l'aide bilatérale du fait de sa faible efficacité, de son manque de transparence et de la lourdeur de sa gestion ». Quant aux droits de l'homme, « les Africains se disent fatigués de recevoir des leçons de morale, de bonne gouvernance et de gestion mêlant arrogance et charité ». La présence militaire française est reconnue « sauf exception comme positive », mais elle ne doit pas venir « en appui à des régimes peu recommandables et doit être limitée dans la durée ».

Le 15 janvier 2008, deux jours avant la diffusion de ce TD à tous les responsables Afrique, à l'Elysée et dans les ministères concernés, le secrétaire d'Etat à la Coopération et à la Francophonie, Jean-Marie Bockel, a déjà trouvé ses propres réponses aux questionnements sur la politique africaine. Et il a décidé de les faire savoir, par voie de presse plutôt qu'en interministériel. Avocat de formation, ancien membre du parti socialiste (il a été secrétaire d'Etat auprès du ministre du Commerce dans le gouvernement Fabius de 1984 à 1986), Jean-Marie Bockel, « JMB » pour ses proches, a longuement mûri pendant les fêtes son discours contre « la *Françafrique* et ses réseaux ». Lui aussi veut fait entendre sa petite musique dans le « jazz band de Sarko », où chacun joue sa propre partition. Dès la trêve des confiseurs, sa conseillère en communication et nièce, Chantal Bockel-Delpal, prévient, par mail, toute la presse qu'il ne faut surtout pas manquer les vœux du ministre parce que, tel quel, « ça va saigner ! ».

Le jour « J », Jean-Marie Bockel sort en effet le scalpel. « Aujourd'hui, je veux vous parler d'autres réformes, d'autres changements, de rupture. Je veux vous parler de notre politique africaine, annonce-t-il en se retroussant les manches. La politique africaine de la France doit changer, et elle changera. Le poids des habitudes est un obstacle à ce changement, la rupture annoncée à Cotonou tarde à venir. Le poids des habitudes et aussi, il faut le dire, le poids des mauvaises habitudes. La préservation d'intérêts particuliers, la défense de quelques rentes de situation héritées d'un passé révolu perdurent. La *Françafrique,* pourtant obsolète, pourtant moribonde, freine encore la refondation voulue par le président de la République. » Diantre, comment Nicolas Sarkozy a-t-il pu ne pas s'en apercevoir ! Tout à son élan, le secrétaire d'Etat met le chef de l'Etat au pied du mur, l'invitant à « ne plus céder à un certain nombre de caprices [...] et de demandes incohérentes de certains pays [africains] qui ont une rente pétrolière qu'ils ne consacrent pas aux investissements qu'ils nous demandent de financer ». Enfin, la « chute » du discours est un vrai jeu de massacre : « Aujourd'hui, devant vous, je veux signer l'acte de décès de la *Françafrique.* Je veux tourner la page de pratiques d'un autre temps, d'un mode de relations ambigu et complaisant, dont certains, ici comme là-bas, tirent avantage, au détriment de l'intérêt général et du développement. Je compte sur le soutien du président de la République pour tenir les engagements qu'il a lui-même pris, malgré les sollicitations contraires de ceux qui s'inquiètent de la fin de ces pratiques lucratives. » L'épreuve de force est engagée, explicitement.

« JMB » en est conscient. Le chef de file de la gauche moderne a invité tous les parlementaires des groupes d'amitié franco-africains, nombre d'ambassadeurs du continent en poste à Paris, des amis politiques de Mulhouse, tous les directeurs de l'audiovisuel extérieur français. C'est plus un meeting qu'une conférence de presse. Au premier rang, le conseiller Afrique de l'Elysée, Bruno Joubert, applaudit les déclarations du secrétaire d'Etat. Il dira plus tard n'avoir « pas lu le discours, avant »... Noyés dans la foule, les journalistes sont invités à venir boire une coupe de champagne dans le bureau du ministre, pour une explication de texte complémentaire à sa prestation. Une petite dizaine d'entre eux rejoignent ainsi Jean-Marie Bockel, décidément très en verve. Sans jamais citer leurs noms, même *off the record,* il instruit le procès des « émirs » d'Afrique centrale, Omar Bongo et Denis Sassou Nguesso. Trois jours plus tard, le 18 janvier, lors de ses propres vœux au corps diplomatique, Nicolas Sarkoy semble conforter la ligne de rupture de son secrétaire d'Etat. Il déclare que « l'Afrique a changé et la relation de la France avec l'Afrique doit aussi changer ». Il demande aux ambassadeurs de France d'être « soucieux de répondre aux attentes de la jeunesse africaine ». Ouf, apparemment, tout va bien ! Le chef de l'Etat n'attendait qu'une chose : qu'on lui force un peu la main.

Nouveau soupir de soulagement pour Jean-Marie Bockel, le dimanche soir, 16 mars 2008. Le soir des élections municipales, pour la troisième fois, il a été reconduit à la tête de la mairie de Mulhouse, cette fois-ci au ras des urnes, à 168 voix près : 12 266 contre 12 098 à son ancien adjoint du parti socialiste, Pierre Freyburger. Dans cette élection, le leader de la gauche moderne a joué son assise politique au sein de la « gauche sarkozyste », face à son frère ennemi, Eric Besson, à la tête du mouvement concurrent Les Progressistes. Jean-Marie Bockel espère conforter sa position au sein du gouvernement, voire bénéficier d'une promotion. De tempérament nerveux, toujours sur le qui-vive, il est exceptionnellement détendu après cette courte victoire, quand son ministre de tutelle, Bernard Kouchner, lui téléphone pour le féliciter. « Merci, merci, Bernard, répond-il, puis il s'épanche un peu : Ah, tu sais, je suis content de pouvoir continuer à travailler avec toi. » Long silence sur la ligne. « Bernard » reste coi. Le secrétaire d'Etat raccroche après avoir balbutié un « à bientôt ». Il grimace. Il sent que quelque chose cloche. Depuis ses déclarations contre « la *Françafrique* et ses réseaux », le ministre franc-tireur se sent un peu seul, en rase campagne, malgré les déclarations du chef de l'Etat. Car, le même jour, un communiqué du Conseil des ministres gabonais a demandé que « les partisans d'une certaine rupture en France sachent rompre avec l'arrogance qui a souvent marqué leurs rapports avec l'Afrique ». Se sachant visé, le « doyen » s'est fâché. « J'étais vexé, confirme Omar Bongo. Bockel a ensuite essayé deux fois de me joindre par téléphone, mais je n'étais pas là… » En désespoir de cause, « JMB » s'ouvre, lors d'un déjeuner dans la semaine, à Christophe de Margerie, le P-DG de Total, venu l'inviter à l'inauguration d'un nouveau champ de son groupe au Congo-Brazzaville. Margerie accepte d'intercéder en sa faveur auprès des présidents Bongo et Sassou-Nguesso.

La nuit du 16 au 17 mars est courte pour le « coopérant » Bockel. François Fillon est appelé à former très rapidement un nouveau gouvernement. Puis, la journée du lundi 17 mars tourne au calvaire pour le maire de Mulhouse. Ce n'est que dans la soirée que le secrétaire général de l'Elysée, Claude Guéant, l'appelle. Pour lui annoncer une mauvaise nouvelle : il doit quitter la Coopération pour le secrétariat d'Etat à la Défense chargé des Anciens Combattants. Cette proposition « non négociable » est présentée au colonel de réserve Bockel comme une promotion. L'ancien chargé des questions de sécurité de Jean-Pierre Chevènement au sein du CERES, qui rêvait du ministère plein de la Défense, la vit comme une sanction. Jusqu'à la formation du gouvernement, le lendemain soir, il tente de sauver son fauteuil de la Coopération. En vain. A la fin, selon un ancien de l'Elysée, « il n'a que le choix entre claquer la porte, pour assumer sa sortie contre la *Françafrique*, ou la boucler pour un strapontin à la Défense ».

La passation des pouvoirs à l'hôtel Montesquiou a lieu le 19 mars 2007, en début de soirée. L'un des conseillers du « sortant », Joseph Zimet, l'époux de Rama Yade, vient saluer les journalistes. « La situation me rappelle cette phrase de Marx pour l'histoire qui se répète : la première fois, c'est un drame, la seconde, c'est une farce. » Seuls les anciens ont compris : après le limogeage, en 1982, du premier ministre de la Coopération de François Mitterrand, Jean-Pierre Cot, à la suite de pressions du président Omar Bongo, l'histoire se répète avec Jean-Marie Bockel. Chantal Bockel-Delpal fait l'âne pour avoir du son : elle se demande si son oncle a « vraiment » été sanctionné pour ses propos sur la *Françafrique* ou, comme elle l'a lu dans la presse, parce que Bernard Kouchner, son ministre de tutelle, ne le supportait plus. Pendant que la conseillère en communication parle aux journalistes, un bruit de tondeuse à gazon monte de la pièce d'un secrétariat jouxtant l'antichambre des huissiers. C'est un broyeur qui transforme en confettis les documents confidentiels du ministre et de son équipe qui n'ont eu que quelques heures pour faire leurs cartons.

Claquements de portes. Les deux secrétaires d'Etat ont achevé leur tête-à-tête. Devant la presse, aux côtés de son successeur Alain Joyandet, Jean-Marie Bockel se lance dans un long dégagement sur son intérêt de changer de poste même s'il « regrette un peu le travail passionnant » à la Coopération. Il insiste sur son « rêve accompli de rentrer au ministère de la Défense ». Sa seule phrase en guise de testament : « Je me suis reconnu dans le discours du Cap. » Le naufrage n'est pas assumé. A la question d'un journaliste qui lui demande s'il pense avoir été « victime » de chefs d'Etat africains irrités par ses déclarations sur la *Françafrique*, Jean-Marie Bockel répond, en broyant ses mâchoires : « Je suis dans l'action, pas dans le commentaire, mais je compte sur vous pour faire ces commentaires. »

8

Sarko, l'obligé de Bongo

Exit Jean-Marie Bockel, bienvenue Alain Joyandet ! Qui est le nouveau secrétaire d'Etat à la Coopération et à la Francophonie ? Le maire de Vesoul, une bourgade de moins de 20 000 d'habitants en Franche-Comté, préfecture de la Haute-Saône ; un franc-maçon de cinquante-quatre ans, ex-secrétaire national de l'UMP chargé des fédérations qui a rallié Nicolas Sarkozy très tôt et passe pour un « hypersarkozyste » ; il montre volontiers la photo que l'actuel président lui a dédicacée, en 2007, d'un bref et fulgurant « Ton ami ». Pour s'occuper de l'Afrique, c'est un peu court. Aussi vaut-il peut-être mieux insister sur ce que le nouveau ministre n'est pas, à savoir un homme qui risque de déranger le monde franco-africain tel qu'il est. Pour plusieurs raisons. D'abord, parce que sa passion est l'économie numérique (hélas, le portefeuille est déjà pris, par Eric Besson) et le multimédia auquel il a ouvert un « espace » à Vesoul, avec l'aide de Guillaume Force qui le suit à la Coopération comme son conseiller « prospective et réflexions stratégiques ». Ensuite, parce que Nicolas Sarkozy lui a donné comme feuille de route de « gérer les Africains », en ajoutant : « Je ne veux pas de problèmes » – comme l'avait fait François Mitterrand, en 1982, en nommant comme successeur au trublion Jean-Pierre Cot le maire de Beaurepaire (Isère), Christian Nucci. Enfin, parce que Alain Joyandet accepte des arrangements. Pour la formation de son cabinet, le président lui dit : « Vois avec [Jean-David] Lévitte. » C'est vite vu. La quasi-totalité du cabinet de Jean-Marie Bockel est reconduit, à commencer par le directeur de cabinet Jean-Marc Châtaigner, ancien de l'Agence française de développement (AFD). Une fois de plus, la « rupture » dans la continuité.

Bien encadré, le « nouveau » est ensuite pris en main. Le 1er avril 2008, à la demande de Nicolas Sarkozy, Alain Joyandet dîne en tête à tête avec Me Bourgi à l'hôtel Bristol. C'est un mardi. Le surlendemain, jeudi, l'avocat rend compte à Claude Guéant à l'Elysée. Les deux hommes décident, d'un commun accord, qu'il convient de se rendre à Libreville pour fumer le calumet de la paix avec le « doyen ». Débute alors une pièce de théâtre politique, avec drame et catharsis, à laquelle manque cependant encore le relais au grand public. Me Bourgi en fait son affaire. Le 8 avril, une équipe de l'émission « Dimanche + », diffusée sur la chaîne privée Canal +, filme l'avocat de la *Françafrique* dans son étude, avenue Pierre-Ier-de-Serbie. « J'ai trouvé que Monsieur Bockel insultait l'avenir, ronronne Me Bourgi devant la caméra, les doigts de ses mains écartées délicatement joints, prêt à sortir ses griffes contre tout coupable de lèse-majesté. Et entre les deux tours des municipales, comme je voyais qu'il ne se calmait pas, je suis retourné voir le président de la République et, aidé en cela par Monsieur Guéant, je lui ai dit : "Tu sais, Nicolas, l'orage gronde. Je crois que nous avons atteint le point de non-retour, et le père Bongo va faire exploser la marmite". » Bien que sa dédicace (« Avec toute mon amitié ») soit indéchiffrable à l'écran, la photo de « Nicolas » se trouve dans le champ de vision. En revanche, celle de Jacques Chirac, remisée dans une vitrine discrète, est « hors cadre ».

A l'issue de cet entretien, Robert Bourgi propose à Anthony Orliange de « Dimanche + » de l'accompagner, le lendemain, à bord d'un jet privé, à Libreville, chez le président Bongo. L'avocat téléphone lui-même à l'animatrice de l'émission, Laurence Ferrari. Celle-ci l'a déjà vivement remercié d'avoir bien voulu recevoir son équipe dans le cadre du « reportage exclusif sur la *Françafrique* » qu'elle prépare pour le 13 avril. Bien sûr, elle ne refuse pas le nouveau *scoop* qu'il lui propose. Sur ces entrefaites, Robert Bourgi « briefe » Omar Bongo sur tout l'avantage qu'il y a à tirer de la présence d'une équipe de télévision au moment où Claude Guéant, le secrétaire général de l'Elysée, va lui présenter le successeur de Jean-Marie Bockel dont il a réclamé et obtenu la tête. Alain Joyandet en a de la chance : on lui prépare un rite d'initiation qui passera à la télévision ! On l'emmènera dans un « bois sacré » hérissé de paraboles.

Jeudi 10 avril 2008, vers 11 heures du matin. Dans l'imposant Palais de la Rénovation à Libreville, Omar Bongo jette une lourde poignée de terre sur le cercueil du secrétaire d'Etat à la Coopération, « celui-là qui voulait, paraît-il, signer l'acte de décès de la *Françafrique* ». La caméra de Canal + suit le président gabonais qui passe, une main dans la poche de sa veste, devant un léopard naturalisé avant de se caler dans un fauteuil rouge aux accoudoirs dorés. « Votre problème à vous Français, à tous les niveaux, même au niveau de Sarkozy, c'est que vous voulez aller vite. Sarkozy, il sait ce qu'il veut dire par "rupture". Est-ce que Sarkozy dit qu'il veut rompre avec l'Afrique ? Non. C'est vous [les journalistes ?] qui inventez tout cela. » Le message n'est pas bien clair, mais la bonhomie affichée vaguement menaçante. En fait, cet entretien au débotté est un coup politique à double détente. La première détente déclenche la mise en condition de la délégation française qui ne va pas tarder à arriver, traquée par une caméra dans un couloir de la présidence gabonaise, avec cette question en voix *off* à Claude Guéant : « Alors, vous êtes venu présenter le petit nouveau à Omar Bongo ? » Rire nerveux du secrétaire général de l'Elysée, qui bredouille néanmoins une réponse à l'effronterie. Dans son sillage, Alain Joyandet a l'air d'un petit garçon.

La seconde détente se veut une réponse à France 2, la chaîne concurrente qui a diffusé, le 3 mars 2008, une enquête sur les biens immobiliers en France de la famille Bongo sur la base d'un dossier du quotidien *Le Monde,* qui s'était procuré l'enquête policière sur les « biens mal acquis » de plusieurs présidents africains. C'est ce reportage qui avait déclenché la vraie colère du président gabonais, plus que le contenu des vœux de Jean-Marie Bockel, victime expiatoire. C'est ce que révèle l'ancien ambassadeur de France au Gabon, Jean-Marc Simon, qui était jusqu'à la mi-août 2008 en poste à Libreville : « Initialement, Bockel faisait partie des jeunes ministrables dont Bongo aime à s'occuper parce que, s'ils parviennent à percer en politique, il a l'air d'avoir fait leur carrière. Puis, il y a eu les vœux. Ça s'est mal passé mais finalement arrangé. J'étais chargé par Bongo de transmettre le message au secrétaire d'Etat : "L'incident est clos." Mais la publication dans *Le Monde* [daté du 31 janvier 2008] de l'enquête sur les biens immobiliers des présidents africains a été vécue par Bongo comme la preuve d'un "complot" contre lui. Là, la ligne rouge était franchie, et il a réclamé la tête de Bockel, qu'il a eue. »

La visite de la délégation française est savamment mise en scène. Un premier entretien se tient à 12 h 30 entre Omar Bongo et Claude Guéant. N'y sont présents que Pascaline Bongo, la fille aînée du chef du président gabonais et sa directrice de cabinet, qui prend les notes du verbatim, et l'avocat Robert Bourgi, qui assistera également aux entretiens suivants. Au bout d'une heure, on fait entrer le nouveau secrétaire d'Etat à la Coopération, Alain Joyandet, pour une – brève – initiation à l'Afrique du « doyen ». Ensuite, le cercle s'élargit au conseiller de l'Elysée, Bruno Joubert, à l'ambassadeur de France, Jean-Marc Simon, et aux officiels gabonais, un vice-Premier ministre et des ministres. Enfin, le président Bongo, qui tient à exposer ses invités à la « colère du peuple », impose une conférence de presse. Claude Guéant feint d'être dupe. « Il y avait un froid avec le Gabon, pas seulement avec Bongo mais une brouille profonde de peuple à peuple, nous expliquera-t-il, quatre mois plus tard, dans son bureau à l'Elysée. Nous avons fait le voyage pour réparer une relation qui s'était distendue. Le président Bongo est un interlocuteur très utile pour notre politique africaine. » Libreville vaut bien un acte public de contrition. Le 10 avril 2008, « Dimanche + » filme l'embarras de la délégation française, venue à Canossa, et l'agacement du nouveau secrétaire d'Etat à la Coopération, à qui on demande s'il a « remercié le président Bongo pour sa nomination ».

Dans la capitale gabonaise, le jeu de go entre les « conseillers » Afrique de l'Elysée, l'officiel et l'officieux, tourne définitivement à l'avantage de l'homme de confiance d'Omar Bongo, Me Bourgi, qui se dit aussi « conseiller personnel » de Nicolas Sarkozy. Comme il se doit pour un avocat de la France-Afrique, il jouit d'un double parrainage présidentiel, à Paris et à Libreville (et, à l'occasion, dans d'autres capitales africaines). Bruno Joubert, en grand commis de l'Etat qui est tenu aux règles du fonctionnement « normal » des institutions, n'a aucune chance. Déjà, le 8 décembre 2007 à Lisbonne, en marge du sommet Union européenne-Union africaine, le réveil avait été brutal. Devant la salle 14 du Pavillon 2, le conseiller de l'Elysée s'était retrouvé, face à face, avec Robert Bourgi, devant Nicolas Sarkozy. Juste avant de reprendre langue avec Laurent Gbagbo, pour mettre fin à la brouille entre Paris et Abidjan, le président lui avait dit : « Si je suis ici aujourd'hui, c'est uniquement à cause de Me Bourgi. Donc, je veux que vous travailliez ensemble à partir de maintenant. Vous devez être en contact permanent. » Ce message est répété, à Libreville, par Omar Bongo. Mieux vaut deux fois qu'une, au cas où l'intéressé n'aurait pas compris. D'autant que les circonstances s'y prêtent : quelle chance de survie peut escompter un conseiller de l'Elysée, quand il assiste à la chute d'un ministre de la République qui a levé la voix contre la *Françafrique* ?

Le « déjeuner de réconciliation » que Bruno Joubert et Robert Bourgi partagent dans la capitale gabonaise, à la demande d'Omar Bongo et de Claude Guéant, n'est que le hors-d'œuvre d'un festin de couleuvres. Après des années de combat contre l'émissaire franco-africain et les « réseaux » qu'il représente, Bruno Joubert dépose les armes. Directeur Afrique du Quai d'Orsay, travaillant alors en bonne intelligence avec son prédécesseur à l'Elysée, il avait tout fait pour aider Michel de Bonnecorse à tenir Robert Bourgi « à bout de gaffe ». Mais que faire quand on est trahi par ses « maîtres », le terme – ironique ? amer ? – dont Bruno Joubert use pour invoquer Nicolas Sarkozy et Claude Guéant ? Le 17 avril 2008, une semaine après le retour de Libreville, le conseiller officiel reçoit son *alter ego* officieux, pendant une heure et demie, dans son vaste bureau sur jardin du 2, rue de l'Elysée. Pour Me Bourgi, c'est une consécration. Il en profite pour enfoncer les dernières défenses de son vis-à-vis en lui imposant le tutoiement, à grand renfort de « Bruno, tu vois » et « tu comprends, Bruno ». La reddition sera sans conditions. A la fin, « Bruno » donne à « Robert » sa carte de visite en y ajoutant au stylo son numéro de téléphone portable. Rarement, petit carton aura été tant exhibé à Paris : Me Bourgi se fait un plaisir de sortir de sa poche le trophée d'une victoire sur toute la ligne.

Le lendemain de cette première séance de travail « officiel-officieux » à l'Elysée, Robert Bourgi est l'invité, sur LCI, de l'émission « Preuves à l'appui », présentée par Christophe Moulin et Hervé Gattegno. Vainqueur magnanime, il déclare : « Il y a un Monsieur Afrique à l'Elysée qui s'appelle Bruno Joubert et qui a accompagné Messieurs Guéant et Joyandet à Libreville. J'appartiens au réseau personnel du président de la République. » Mais les deux Messieurs Afrique du président – celui des voyages officiels et l'émissaire personnel – sont dorénavant censés collaborer. « Nous avons scellé une entente avec la "cellule" à l'Elysée, nous expliquera, en juillet 2008, Robert Bourgi. Nicolas a dit à Bruno de travailler avec moi, de me tenir informé, comme je le fais de mon côté. Je suis loyal, je sers le président. Il doit faire pareil. » Ainsi avance le nouvel attelage qui, *a priori*, ne semblait pas fait pour tirer dans la même direction. Avec son humour pince-sans-rire, Claude Guéant admet : « C'est vrai, les deux hommes ont mis du temps à se trouver. » Est-ce donc un Yalta, un partage des rôles et des territoires, qui est appelé à durer ? « Oui », répond, sans hésitation, le secrétaire général de l'Elysée. Me Bourgi n'a peut-être pas tort de dire à son sujet : « Il me fait remonter l'horloge du temps. J'ai l'impression d'avoir encore en face de moi Monsieur Foccart. » Aux yeux de l'avocat, c'est un – suprême – compliment.

« Joubert collabore avec Bourgi sous le diktat du président. C'est un homme de devoir. Il ne ruera jamais dans les brancards, croit un ambassadeur de

France qui connaît bien le conseiller Afrique de l'Elysée. Mais il doit souffrir qu'on lui fasse faire le contraire de ce qu'il avait en tête. » Alors, pourquoi ses « maîtres » lui infligent-ils pareille avanie ? Que leur apporte de plus Me Bourgi ? Claude Guéant explique : « Le président est un homme libre qui tient à puiser à toutes les sources. Robert Bourgi nous apporte des points de vue différents par rapport à ceux véhiculés par les canaux officiels. Il nourrit notre réflexion. Il a une profonde connaissance de la psychologie de l'Afrique, un continent qu'il aime et fréquente depuis longtemps et dont il connaît les ressorts secrets. Me Bourgi ne fait pas la politique africaine de la France mais il apporte un point de vue intéressant. Il a des contacts directs au plus haut niveau qui sont importants pour des relations internationales qu'il ne faut pas aborder comme des rapports froids, désincarnés. Il joue dans la discrétion un rôle très important. » L'argumentaire symétrique, développé à Libreville, passe sur la « psychologie » et les ressorts cachés des Français que Me Bourgi pourrait éventuellement démystifier. Mais il insiste également sur l'importance de la chaleur humaine – la thermodynamique mise en avant par Claude Guéant, de façon inattendue pour qui connaît l'homme… – dans les relations entre grands de ce monde. Omar Bongo, qui a pratiqué six présidents de la République française en quarante ans de règne, met l'accent sur « nos petits secrets entre chefs d'Etat ». Par définition, il n'en dira pas plus. « Les relations d'Etat à Etat sont prioritaires mais la relation personnelle constitue la trame de fond, se borne-t-il à affirmer.

Quand elle est bonne, ça marche. Quand elle est mauvaise, la France-Afrique se grippe, parce que les institutions ne valent que ce que valent les personnes qui les incarnent. » En l'occurrence, la trame tissée par Robert Bourgi (que le président gabonais appelle « fiston » alors que l'avocat lui donne, en privé, du « papa ») a permis de ramener Nicolas Sarkozy dans le droit chemin. « Quand le candidat Sarko est venu en Afrique, il était entouré de gens qui ne connaissaient rien à l'Afrique. C'est seulement par la suite qu'il s'est rendu compte des réalités du continent. C'est alors qu'il a abandonné le discours de la "rupture". » Partisan d'un nouveau départ entre la France et l'Afrique, David Martinon, l'ex-*golden boy* de la Sarkozie, doit se retourner sur sa plage californienne.

Concrètement, qu'apporte le « réseau gabonais » à la diplomatie française ? L'un des rares hommes qui connaissent bien le système de l'intérieur relativise l'influence du président gabonais. « La réputation de Bongo comme pivot de la diplomatie française en Afrique est surfaite, estime-t-il. En réalité, son influence se limite à quelques rares pays, notamment le Tchad et la Centrafrique. Pour le reste, la diplomatie gabonaise est très brouillonne, pas professionnelle du tout, velléitaire, sans suivi. Bongo vibrionne sur tous les dossiers, cela fait illusion. Tout le monde vient le voir mais les gens viennent surtout pour chercher l'argent. Mais prenez l'exemple de la Côte-d'Ivoire : on voit bien que Bongo a perdu la main. » Dans ses moments de lassitude, même Me Bourgi convient que « Bongo a pris un coup de vieux ».

C'est incontestable. Dans les dossiers complexes de l'Afrique mondialisée et dans la gestion multilatérale des crises du continent, le Gabon ne représente guère un point d'appui. Cette Afrique-là, et sa gestion au quotidien, est laissée à Bruno Joubert et ses collaborateurs. Elle a ses propres problèmes, dont le moindre n'est pas que le grand dessein de rechange que devait être le « partenariat stratégique » avec l'Afrique du Sud bat de l'aile sur le terrain – aux Comores, au Burundi et en Centrafrique – avant même d'avoir pris son envol. Ce qui contribue, avec l'anonymat d'une mécanique internationale peu propice aux initiatives personnelles, à mettre en valeur les – modestes mais réels – effets de levier que commande le président gabonais. Celui-ci reste, ponctuellement, un allié sûr de la France en Afrique. Il sait se rendre utile et répond facilement aux sollicitations de ses amis. En janvier 2008, il a ainsi envoyé à Niamey, auprès du président nigérien Mamadou Tandja, son fils et ministre de la Défense, Ali Bongo, et son ministre de l'Intérieur, André Mba Obame, pour obtenir la libération de Pierre Creisson et de Thomas Dandois, en détention depuis un mois. Les deux journalistes français s'étaient rendus clandestinement dans le nord du pays, à la rencontre des rebelles touareg. Le « doyen » est également intervenu dans le différend opposant Niamey à la compagnie Areva, au sujet de l'uranium. Et Libreville reste une précieuse plaque tournante pour l'armée française, par exemple quand il a fallu évacuer, en février 2008, la communauté étrangère de N'Djamena, après l'entrée des forces rebelles dans la capitale tchadienne. Puis, en mai 2008, quand Paris a voulu renouer le contact avec le chef des services secrets soudanais, le général Abu Digin « Gosh », après le raid éclair sur Khartoum d'une faction rebelle du Darfour soutenue par Idriss Déby, c'est encore Omar Bongo qui a servi d'intermédiaire. Enfin, le président gabonais est aussi un VRP haut de gamme du business français. Par exemple, en accueillant chez lui, le 15 août 2007, son homologue ghanéen John Kufuor, il lui a recommandé un Falcon de Dassault plutôt qu'un Boeing VIP. Grâce à ces bons conseils, l'agence de la Société générale d'Accra a été chargée du montage financier de l'opération, à hauteur de 37 millions de dollars.

Mais Omar Bongo excelle surtout dans le domaine des « affaires réservées », parfois personnelles, entre dirigeants. Dans la foulée de sa visite d'Etat en Afrique du Sud, les 27 et 28 février 2008, Nicolas Sarkozy souhaitait ainsi passer un week-end d'amoureux avec Carla, accompagné seulement des quelques proches et à l'abri des *paparazzi*. Carla Sarkozy tenait également beaucoup à une rencontre avec l'icône de la lutte anti-apartheid et prix Nobel de la paix, Nelson Mandela. Mais l'ambassade de France à Pretoria faisait savoir que ce n'était pas possible. Malade et très affaibli, le presque nonagénaire ex-président de la Nation arc-en-ciel ne recevait plus et, de toute façon, passait l'essentiel de son temps au Mozambique, le pays de son épouse Graça Machel, ou à l'île Maurice. « C'est vrai qu'on n'a pas été assez attentifs. Débordés comme on l'est, on a raté ça », reconnaît-on à la « cellule africaine » de l'Elysée. D'autres ont mieux guetté le désir du Prince. « J'ai dit à Nicolas : “Si un homme peut t'organiser ça, c'est le président Bongo. Pour toi, Nicolas, il fera tout pour que tu puisses rencontrer Nelson Mandela", raconte Me Bourgi, qui précise : Omar Bongo s'est occupé de la famille de Mandela quand ce dernier était en prison à Robben Island [le pénitencier au large du Cap]. Madiba [le surnom de Mandela] ne peut rien lui refuser. » C'est apparemment vrai. A la suite d'un coup de fil du président Bongo, Nicolas et Carla Sarkozy ont pu se faire photographier, le 28 février, debout, des deux côtés du fauteuil où était assis le *grand old man* de l'Afrique, incarnation de la dignité du continent. Dans le « bilan de la première année à l'Elysée », dressé sous forme de photoroman dans *Paris Match* à la fin mai, le cliché souvenir avec Mandela figurait en bonne place dans la sélection assurée par Carla. Merci, « papa » Bongo !

Après la rencontre avec Mandela, le couple présidentiel français devait encore réussir son éclipse nuptiale. Là encore, Nicolas Sarkozy s'est fait aider par des amis. Mais cette fois, la « cellule africaine » était dans la boucle, au moins techniquement. C'est en effet depuis le bureau élyséen de Bruno Joubert que l'un des Français les plus proches du président sud-africain, Philippe Bohn, responsable Afrique d'EADS, a organisé un week-end de retraite au *Royal Malawane* du Krüger Park, la célèbre réserve d'animaux, en direct avec Thabo Mbeki à l'autre bout du fil. La liste de la vingtaine de personnes – essentiellement des membres de la famille – qui accompagnaient les Sarkozy a été faxée directement au chef de l'Etat sud-africain. Celui-ci s'est lui-même occupé de l'intendance pour que ce voyage de noces reste un secret bien gardé.

Généralement, les « petits secrets » entre la France et l'Afrique sont plus politiques. Omar Bongo s'en délecte. Doté d'une mémoire d'éléphant, sans illusions sur la nature humaine et maître d'un temps dynastique que doivent lui envier les élus éphémères qu'il a vus défiler depuis quarante ans, il suit la vie politique française avec la passion d'un entomologiste. Pour admirer tel spécimen rare, ou pour arracher les ailes à tel autre... Alors, Nicolas Sarkozy ? « Je l'ai connu quand il était maire de Neuilly mais pas encore député [entre 1983 et 1989], se souvient le président gabonais. A Paris, quand je ne pouvais pas voir Chirac pour un problème d'agenda de son côté ou du mien, c'est Sarkozy qui faisait l'interface entre nous. » La confiance n'a pas résisté aux épreuves. Vers la fin du second mandat de Chirac, la rivalité avec Nicolas Sarkozy était « quelque chose de très délicat. Tant que Chirac ne me posait pas son problème, je ne le conseillais pas. Il m'a d'ailleurs parlé de Dominique de Villepin et de Nicolas Sarkozy d'une drôle de façon, en les appelant Staline et Trotski. Je lui ai dit : "Laisse Sarkozy aller à Matignon et on verra." En vérité, aux yeux de Chirac, il manquait quelque chose à l'un comme à l'autre pour devenir président. » Mais « Jacques » étant sur la voie de sortie, il fallait bien choisir et, de préférence, miser sur le gagnant. Omar Bongo affirme que son « fiston » aux avant-postes à Paris aurait pris les devants. Vers la fin 2005, Robert Bourgi lui aurait annoncé qu'il avait rallié Nicolas Sarkozy. « C'était à son niveau, raconte le président gabonais.

Il m'a dit à l'époque : je roule pour Sarko, j'ai rompu avec Villepin. A partir de là, Bourgi était aux côtés de Sarko et de Guéant. » Tout seul, comme un grand, et sans avoir rien demandé à son « papa » à Libreville ? On peine à le croire. « Mais, vous aussi ! Vous exagérez à la fin ! », s'exclame Omar Bongo pour rappeler la frontière de son jardin secret. A moins d'être chef d'Etat, halte-là !

Parfois, cependant, on arrive à aller plus loin. On se souvient du récit de Robert Bourgi qui racontait sa rupture orageuse avec Dominique de Villepin, au Pavillon de la musique de Matignon, et comment il avait ensuite téléphoné à Nicolas Sarkozy, qui l'aurait accueilli à bras ouverts Place Beauvau, en présence de Claude Guéant. Sur cet épisode clé quelque peu romanesque, une autre source livre une autre version, moins linéaire. Selon ce récit, après sa rupture avec Dominique de Villepin, Robert Bourgi a pris contact avec Nicolas Sarkozy par l'intermédiaire d'une vieille connaissance de l'actuel président, Patricia Balme, à la tête d'un cabinet de conseils en communication, P.B. Com International, qui a notamment pour client, depuis 1999, Paul Biya, le président du Cameroun. Très introduite au RPR (aujourd'hui UMP), Patricia Balme avait connu Nicolas Sarkozy et Brice Hortefeux tout jeunes militants à la permanence du parti à Neuilly. En octobre 2005, elle fait inviter Me Bourgi au *Premier cercle*, un club select qui rassemble les contributeurs les plus généreux de la campagne de Sarkozy. Le *Premier cercle* se réunissait une fois par mois, à 19 heures, d'abord au Cercle interallié puis au Bristol. Pendant une heure, le candidat Sarkozy saluait un par un la centaine de ses « cotisants », le ticket d'entrée étant de 3 000 à 7 000 euros par an. A ce moment, il manquait au candidat de l'UMP 10 millions d'euros pour son budget de campagne. Briefé par Patricia Balme, Nicolas Sarkozy dit en arrivant à la hauteur de l'avocat : « Vous avez le regard d'un homme qui a été humilié, Monsieur Bourgi. » Il l'invite à venir le voir au ministère de l'Intérieur, Place Beauvau. Plusieurs semaines s'écoulent. Mais, finalement, Nicolas Sarkozy reçoit Robert Bourgi, d'abord seul, avant d'appeler Claude Guéant en déclarant devant son directeur de cabinet d'alors : « En dépit de tout ce que Claude Guéant m'a dit sur vous, je vous reçois. » Puis, se tournant cette fois-ci vers son collaborateur, il répète ce qu'il avait déjà dit au *Premier cercle* : « Cet homme a le regard d'un homme humilié. » Me Bourgi livre alors tout sur ses relations avec Jacques Chirac et Dominique de Villepin. Puis, en échange, il demande quelques faveurs, des services pour des proches d'Omar Bongo ainsi qu'une démarche auprès de Steve Gentili, le P-DG de la Bred-Banque populaire et président du Forum francophone des affaires.

L'avocat confirme qu'il a initié Nicolas Sarkozy « à l'aspect financier de la relation France-Afrique, aux cadeaux ». Mais, précise-t-il aussitôt, « Sarkozy rejette cette tradition et le fait savoir aux présidents africains : "Votre amitié, oui, mais pas les pratiques antérieures, je n'en veux pas". » Il n'y aura donc plus d'« ingrat », le terme que Me Bourgi avait employé en parlant de Dominique de Villepin quand celui-ci critiquait Laurent Gbagbo alors que le président ivoirien

« avait quand même aidé Chirac pour la campagne de 2002 ». Sauf que, du temps où Robert Bourgi était au mieux avec « DDV », il assurait tout aussi péremptoirement que le collaborateur le plus proche de Jacques Chirac avait, lui aussi, rompu avec la pratique des « valises », de même que le président et ancien maire de Paris n'en avait jamais pris tant qu'il confiait ses « affaires réservées » en Afrique à Me Bourgi. A moins de retenir une alternative qui serait déshonorante pour ses clients successifs, on est donc amené à conclure que l'avocat de la France-Afrique a la vertu contagieuse mais, hélas, sans effet rémanent.

C'est une bonne nouvelle, au moins pour Nicolas Sarkozy. Parce que, autrement, on n'aurait sûrement pas manqué de s'interroger sur une série d'événements et de circonstances qui, mis bout à bout, semblent incongrus : d'abord, la présence au congrès d'investiture du candidat de l'UMP à la présidentielle, le 14 janvier 2007, de Pascaline Bongo, la fille du président gabonais et directrice de son cabinet, de son époux Paul Toungui, qui est aussi le grand argentier du Gabon, et de Robert Bourgi, tous installés au premier rang des soutiens de Nicolas Sarkozy par le directeur de campagne de celui-ci, Claude Guéant ; puis, le soir même de son triomphe électoral, le 16 mai 2008, l'appel téléphonique du président tout juste élu à Omar Bongo, le seul appel donné à un chef d'Etat étranger ; ensuite, dix jours plus tard, à la cérémonie d'investiture du nouveau président de la République, le placement de Me Bourgi, l'un des rares « invités personnels » de Nicolas Sarkozy, dans le carré réservé à la famille ; puis, les spectaculaires remises de dettes accordées au Gabon d'Omar Bongo et au Congo de Denis Sassou Nguesso, c'est-à-dire à deux pays producteurs de pétrole au moment où les cours du brut flambaient sur le marché mondial ; puis, le limogeage de Jean-Marie Bockel dont la déclaration d'intention, dans le droit-fil des discours-programme du candidat devenu président, avait certes froissé Omar Bongo mais n'était pas au cœur du « complot » que le président gabonais imputait à Paris en raison des poursuites judiciaires engagées contre lui pour ses biens immobiliers supposés « mal acquis » ; ensuite, l'acte de contrition, sinon la demande de pardon, qu'était le voyage de Libreville, le 10 avril 2008 ; enfin, l'instauration d'une double commande de la politique africaine de la France, d'une part *via* les organes habilités de l'Etat français et, d'autre part, *via* Me Bourgi, le conseil d'un chef d'Etat étranger.

Interrogé sur le soutien qu'il a apporté au candidat Sarkozy, Omar Bongo répond : « Des conseils sont parfois plus utiles que de l'argent. » Le président gabonais fait référence au conseil qu'il avait donné à Nicolas Sarkozy de rester au gouvernement en même temps qu'il lançait sa candidature à la présidentielle. A la question : pourquoi le départ de l'ex-secrétaire d'Etat à la Coopération avait tant d'importance pour lui, Robert Bourgi réplique : « Parce que j'en avais marre de lui ! Si j'avais laissé faire Bockel, il me tuait. » Enfin, questionnés sur l'influence du « réseau gabonais » à la présidence de la République, des hauts fonctionnaires français, des officiers d'état-major et, même, des collaborateurs du président à l'Elysée évoquent, comme hypothèse d'explication, l'existence d'un « lien d'argent ». A la fin 2005, Robert Bourgi aurait rallié le camp Sarkozy avec armes et *bagages*. Cependant, ces spéculations ne reposent sur rien de concret, sur aucune preuve matérielle. Autrement dit, elles ne valent rien. En l'absence d'un *smoking gun*, il n'y a ni fumée ni feu. Seulement, il y a un climat si délétère que tout semble imaginable, voire possible. L'un des hommes les plus proches de Nicolas Sarkozy a explosé à l'évocation insistante du rôle de Robert Bourgi à l'Elysée : « Qu'il vienne ici, eh bien, ça me fait ch[...] ! Si c'est pour me faire dire que c'est malsain – oui, je le pense à 100 pour cent, et même à 150 pour cent ! »

Le président ivoirien, Laurent Gbagbo, connaît depuis longtemps Omar Bongo et son avocat. Il ne fait pas mystère du fait que, dans le passé, il lui est arrivé de « prendre l'argent de Bongo ». Opposant historique à Félix Houphouët-Boigny et, depuis 2000, lui-même chef de l'Etat, Laurent Gbagbo peut témoigner de la France-Afrique. Il l'a vue sous toutes les coutures, comme exilé à Paris, comme « ami de trente ans » de Robert Bourgi, comme président de la Côte-d'Ivoire traité de « fasciste » par Jacques Chirac. Alors, que pense-t-il de l'avocat de la France-Afrique ? « A la limite, je n'ai rien à dire sur Bourgi, dans la mesure où il fait partie des instruments de commandement de Sarkozy. Donc, peut-être, le recours à des gens comme ça, c'est parfois indispensable pour un chef d'Etat. » Le conseiller spécial de Bernard Kouchner, Eric Chevallier, ne semble pas loin de partager cet avis : « Ce genre de trucs arrive et, en tout cas, est toujours arrivé sous la Ve République. L'essentiel, c'est de pouvoir faire des choses [positives] quand même, à l'intérieur de ce cadre. »

Ce n'est pas du tout l'opinion d'un ambassadeur de France pour qui « auprès de Bongo, qui a quand même pas mal vieilli, Bourgi joue le même rôle néfaste qu'il avait déjà joué auprès de Mobutu, à la fin. Bourgi n'est d'ailleurs pas vraiment un "homme de l'ombre". Il passe à la télévision, il parle publiquement de "Nicolas" [Sarkozy] et de "Claude" [Guéant]. En fait, il solde ses affaires avec, pour horizon, la fin du mandat de Sarkozy dans trois, quatre ans. Il sait que ça ne peut pas durer au-delà.

En guise de conclusion

Par la force des choses, ce livre souffre du même défaut que la politique africaine de Nicolas Sarkozy qu'il examine : il réduit l'Afrique à une sorte de « Bongoland », à un pré carré de la France recentré autour de Libreville. Ce constat appelle trois remarques. D'abord, loin de nous l'idée que l'Afrique se confonde avec l'Afrique francophone, et cette dernière avec les féaux « amis » de Paris dans les palais présidentiels. Loin de nous aussi la tentation de voir Me Robert Bourgi plus grand que nature et de faire de lui le démiurge, ou le diable, d'une *Françafrique* renaissant de ses cendres. Le doigt ne doit pas cacher la lune. Comme nous nous sommes employés à l'expliquer tout au long de ces pages, ce sont les mandants qui importent et non pas leur mandataire. « Bourgi marche à nouveau sur toutes les plates-bandes officielles, constate l'ancien président ivoirien Henri Konan Bédié. Mais je ne comprends pas : si l'Afrique n'est plus une priorité pour la France comme par le passé, à quoi bon faire appel à un *go-between* comme Bourgi ? En tout cas, son retour a été initié par Paris. C'est parce qu'il a ses entrées à l'Elysée qu'il entre de nouveau partout. »

La deuxième remarque : nous n'ignorons pas que la « cellule africaine » de l'Elysée accomplit une partie importante du travail diplomatique et tranche la plupart des questions concernant l'Afrique. Seulement, le fait du Prince et les arcanes franco-africains lui échappent, autant dire l'essentiel – non pas l'essentiel pour l'Afrique mais ce qui importe à Nicolas Sarkozy et à un certain nombre de présidents africains. Enfin, la troisième remarque, corollaire des deux précédentes : puisque les « affaires réservées » passent par des canaux officieux, elles ont tendance à déborder et à échapper à tout contrôle. Un rendez-vous à la dernière minute avec Nelson Mandela ? Le casse-tête politico-judiciaire de l'affaire Falcone entre Paris et Luanda ? Un débriefing discret du chef des services secrets soudanais ? « Allez, appelez Bourgi, voyons ce qu'Omar peut faire pour nous »... C'est ainsi que le « Bongoland » s'étend de l'Afrique du Sud jusqu'au Soudan en passant par l'Angola. C'est ainsi, également, que la diplomatie française sur le continent devient de plus en plus « informelle », à l'instar de son conducteur privilégié, l'Etat gabonais, qui n'est pas connu pour ses capacités institutionnelles.

« Le monde est aussi grand qu'on le voit », aimait à répéter le père de la *perestroïka*. Si Gorbatchev a raison, toute « Paristroïka » devra commencer par abattre les murs qui bouchent l'horizon de la France-Afrique. Et c'est bien de la France *et* de l'Afrique qu'il faut parler. « Le discours sur la démocratie, c'est ce que nous appelons le "disque rayé" entre nous », confie le « doyen » des chefs d'Etat africains, Omar Bongo. « Droits de l'homme, bonne gouvernance, transparence, globalisation… – mais, à la fin, la France nous fatigue ! » C'est le cri de cœur du général-président centrafricain, François Bozizé, qui ajoute : « Nous sommes comme des bébés, on ne marche pas encore. Alors, comment aller tout seuls vers la mondialisation ? » Ce n'est pas avec cette Afrique-là qu'on peut envisager une fin des relations tutélaires, un nouveau « partenariat » au niveau européen. Or, la percée de la Chine, qui impressionne tant, s'opère largement avec les moyens les moins avouables de l'ancienne France-Afrique : des sommets-spectacles, du cash sans condition, l'omerta et la Realpolitik des intérêts mutuels bien compris… Dès lors, on aurait tort de penser que les chefs d'Etat qui disent tout haut ce que d'autres pensent tout bas seraient forcément minoritaires, en voie de disparition. Ce serait aussi mal retenir la leçon des années 1990. La génération des « nouveaux leaders en Afrique » a plutôt réinventé la dictature qu'elle n'a apporté la démocratie. Ce qui n'exonère en rien, à Paris, les gardiens du temple franco-africain qui ne songent qu'à perpétuer leur rente de situation. Ni ceux qui se reposent sur eux, pour se défausser de l'Afrique à moindres frais.

C'est le cas de Nicolas Sarkozy. « La seule rupture que Sarkozy incarne, c'est la rupture de génération entre la France et l'Afrique, analyse un ambassadeur de France en poste sur le continent. Il n'a pas le même intérêt viscéral pour l'Afrique que ses prédécesseurs – et de ce fait, il est plus en phase avec la France où l'attachement vécu à l'Afrique s'est fait également rare depuis le démantèlement de la Coopération, la fin de la guerre froide, l'ouverture tous azimuts qu'est la globalisation. Pour Sarkozy, comme pour beaucoup de Français, il n'y a que des coups à prendre en Afrique. Donc, il cherche à s'en désengager. En attendant, il anesthésie le pouvoir de nuisance du continent en donnant des gages aux "vieux amis de la France" que sont les dinosaures de la *Françafrique*, en premier lieu Bongo. Mais Sarkozy oublie que l'Afrique sert la France : chaque fois qu'il y a un vote important dans une enceinte internationale, on nous fait monter au créneau. Mais ça ne marchera plus, demain, quand on aura plié les gaules. » La « rupture » consisterait donc à d'autant mieux soigner les attaches personnelles que Nicolas Sarkozy cherche à couper les amarres avec le continent. D'où la simultanéité de deux discours irréconciliables, le dithyrambe du « doyen » et « l'appel aux jeunes » du continent. Le président français envoie son nouveau secrétaire d'Etat à la Coopération à Libreville, pour qu'il y fasse allégeance derrière Claude Guéant ; et ce dernier justifie ce voyage tout en ajoutant, au cours du même entretien, qu'il faudra sans doute revoir l'utilité des grand-messes franco-africaines puisque « dans le passé, ces sommets symbolisaient un vieux lien de vassalité ». Tout et son contraire cohabitent, plus rien n'a de sens – sauf les actes posés. Un sucre d'orge pour le tourier de la France-Afrique, sous forme de remise de dettes ; puis la France ferme ses bases sur le continent, sans débat ni bilan.

Par définition, une aporie ne se résout pas. Cependant, on peut la mettre en perspective. « Notre système global postcolonial a disparu au début des années 1990, fait valoir un autre ambassadeur de France. La rupture est faite, mais il reste à inventer une suite, à remplacer l'ancien système par un nouveau type de relations. En attendant, on est sur ce qu'il y a de plus mauvais dans les “acquis” du passé. On dit et répète que la France a quitté l'ancien pré carré, mais que fait Paris au Nigeria, en Angola ou en Afrique du Sud ? Des affaires, mais sans le “dialogue politique” dont avait parlé [Hubert] Védrine. Les ambassadeurs de France dans des pays clés de l'Afrique subsaharienne, par exemple au Nigeria ou en Afrique du Sud, qui voient-ils passer ? Nos ministres vont à Dakar, à Abidjan ou à Libreville. Mais l'ancien système ne marche plus. On peut être paternaliste quand on a de l'argent, quand on laisse les gens venir sur son territoire, bref : quand on a quelque chose à offrir. Ce n'est plus le cas de la France : elle n'a plus le sou et elle se barricade. »

A court d'argent dans un pays en crise, la frontière fermée et toujours un charter prêt à décoller, Nicolas Sarkozy joue sur tous les tableaux. Comme beaucoup de politiques, il est un sorcier de la contradiction. Mais il est plus que cela, à savoir l'incarnation d'une nouvelle culture politique hybride. Laurent Gbagbo rappelle le contexte français que Nicolas Sarkozy est venu bouleverser de sa nouveauté. « La droite française croit connaître l'Afrique et elle est – généralement – paternaliste, explique le président ivoirien. La gauche française ne connaît pas l'Afrique et s'en désintéresse, sauf ce qui est moralement correct aux yeux de la communauté internationale, comme par exemple l'aide au développement. Alors, Sarkozy est intéressant parce qu'il se situe entre les deux : il n'est pas paternaliste, mais prêt à laisser tomber l'Afrique si son pays n'y trouve pas son compte. »

Voilà, comme il se doit : à la fin du dessin animé, on a compris le film.

Index

Table

Composition et mise en page

NORD COMPO
multimédia

CET OUVRAGE
A ÉTÉ ACHEVÉ D'IMPRIMER
SUR ROTO-PAGE
PAR L'IMPRIMERIE FLOCH
À MAYENNE EN OCTOBRE 2008

Dépôt légal : octobre 2008 – N° d'édition : 14381
N° d'impression : 72346

Imprimé en France.